大迫力！
世界の
都市伝説
大百科

朝里 樹
監修

西東社

世界中にひそむ都市伝説

都市伝説ってなんだろう？

都市伝説とは、だれかの噂をとおして広まっていく、現代の伝説のことだ。ウソか本当かわからないが、「自分の身にもおきてしまうかもしれない」と思わせるような、身近な噂話や伝説が多い。ふつうではありえない出来事や、実際の事件をもとにした話、怪人・怪物など人間ではない存在と出会う話などがある。

世界にはどんな都市伝説が多いの？

世界の都市伝説は、ゾッとするこわい話、ふしぎな話などさまざまだ。ただし、その地域の歴史や文化があらわれているものもある。たとえば、聖母マリアに会う話、悪魔を目撃する話、UFOや宇宙人を見たという話は、日本ではあまり見かけない。一方、女子トイレの怪人「ピンキー・ピンキー」（➡P56）など、日本の都市伝説と似ているこわい話もある。

どこでおきるの？

世界の都市伝説も、わたしたちにとって身近な場所で生まれることが多い。たとえば自分の部屋、トイレ、学校、道路、駅、墓地などだ。また、実際になんらかの事件や事故のおきた場所の周辺でおきることもある。そのほか、日本の都市伝説ではあまり見かけないが、古い城、教会、宗教の聖地などで奇妙な噂話が広まることもある。

都市伝説が多い国ってあるの？

世界中のどこの国にも都市伝説は存在する。だが、古い歴史をもつヨーロッパにはむかしの建物が多くのこっているので、古くから亡霊が住みついているという噂話が多い。中でもイギリスは幽霊大国といわれるほど心霊現象が多く、ミステリースポットとよばれる場所や、都市伝説として噂されている話の数も世界一だという。

世界と日本の噂の広まり方のちがい

都市伝説は、人から人に噂話が広まり、テレビなどのメディアで紹介されて広まっていくもの。世界の都市伝説の広まり方が日本とちがうのは、「幽霊が出る」ことを売りにすることもあるという点だ。アメリカやイギリスでは、観光客相手に「ゴーストツアー」をおこない、観光地にする例も数多い。もっとも、ツアーに参加したら本当に幽霊と会ってしまい、後悔することもあるそうだ。

都市伝説と「悪魔」「魔女」

世界の都市伝説には、幽霊や怪人、怪物以外の存在もたくさん登場する。たとえば「悪魔」や「魔女」といった存在だ。いろいろな宗教や神話で「信仰をじゃまする悪の存在」を悪魔や魔女とよぶことがある。説明のつかないふしぎな現象を悪魔や魔女のしわざと考えることもあるようだ。なお、精霊や妖精など、伝説上のいきものが出てくることもある。

世界中でブームになった都市伝説

　世界の都市伝説の中には、映画や小説をとおして外国に広まり、やがて世界中で有名になった噂話もある。たとえば「アナベル人形」（➡P14）、「幽霊ホテル」（➡P20）、「悪魔つき」（➡P44）などは、都市伝説をもとに作られた映画が、日本でも大ヒット。これらの都市伝説は、世界中でブームとなっていった。

日本の都市伝説は世界でも有名

　日本の都市伝説にも、世界で知られているものがある。「トイレの花子さん」は「Hanako-san」、「テケテケ」は「Teke Teke」として、外国のサイトでも紹介されている人気の都市伝説だ。「こわいけれど、知りたい」という都市伝説に興味をもつ気持ちは、日本も世界の人々も同じなのかもしれない。

5

もくじ

一章 覆われた闇 13

二章 荒ぶる世界 67

三章 禁じられた扉 119

四章 うずまく呪い

11

本の見方

解説
都市伝説の特徴や噂話などを紹介している。

都市伝説の絵
都市伝説の代表的なすがたが描かれている。

ウサギの着ぐるみを着たハロウィンの怪人

アメリカのバージニア州を中心に噂されている、全身白いウサギの着ぐるみをまとった、ハロウィンの時期になると、オノをもったバニー・マンが、子どもたちをおそいにやってくるという。

1900年代の伝説によると、この地域でウサギが大量に殺され、木につるされるという事件がおきた。この事件をきっかけに、バニー・マンの伝説が生まれたという説がある。

本格的に噂が広まったのは1970年代。ハロウィンの夜、橋の下のトンネル内で子どもたちが殺され、橋につるされるという事件がおきた。その後も、橋の付近に停車中の車がウサギの着ぐるみを着た男におそわれたという事件もおきている。

バニー・マン

都市伝説の名前

調査レポート
バニー・マンによる被害を出さないため、ハロウィンの時期になるとバニー・マン・ブリッジ周辺を、警察がパトロールているという。バニー・マンの伝説は2016年にホラー映画にもなった。

データ
危険度 ★★★　場所 バニー・マン・ブリッジ
国・地域 アメリカ　時代 1900年代～現代
特徴 ウサギの着ぐるみを身にまとい、オノをもつ。ハロウィンの時期にあらわれる。

分類
怪人、怪物、霊魂、現象の4種類で分類している。

怪人	怪物	霊魂	現象

調査レポート
都市伝説の豆知識や、補足情報を紹介している。

データ

危険度	：都市伝説の危険度を3つの★であらわしている。★が多いほど遭遇すると危険。★がゼロのときもある。	国・地域	：怪人や怪異がおもにあらわれる国や地域。
場所	：怪人や怪異がいる場所や、あらわれるおもな場所。	時代	：都市伝説が噂された年代。
		特徴	：怪人や怪異のすがたや能力、人間に対して何をするのか。

一章

覆われた闇

夜に響く物音、見知らぬ影…日常の中にひそむ、かすかな違和感。その正体はこの世のものではないのかもしれない。闇はあなたのすぐそばに迫ってきている。

アナベル人形

少女の霊がとりついた呪いの人形

　アメリカに広く伝わる人形の都市伝説。1970年代、ドナという女の子が、母親から赤い髪のかわいい人形をもらった。しかし人形の置き場所が勝手に変わったり、なぞのメッセージが書かれた紙が家のあちこちで見つかったりするなどぶきみなことがおきた。そこで霊媒師に相談すると、理由は不明だが、7才で亡くなったアナベルという少女の霊が人形にとりついているという。その後もドナは悪夢を見たり、ツメや刃物などするどいものでひっかかれたりするような現象がおきた。

　今では、人形はアメリカの博物館にあずけられて展示されているが、ガラスケースには「さわるな！」と書かれた張り紙がはってある。なぜならガラスケースをたたいた男性が事故で亡くなるなど、アナベルの呪いは今も消えていないからである。

調査レポート

　アナベルがとりついたのはアメリカで100年以上も愛されつづけている「ラガディ・アン」という女の子の人形だ。赤い毛糸の髪と三角の鼻が特徴で、かわいらしい見た目をしている。

データ

危険度 ★★★	場所	家など
国・地域 アメリカ	時代	1970年代〜現代

特徴　アナベルという少女の悪霊がとりついた人形。勝手に動いたり、人を呪ったりする。

霊魂

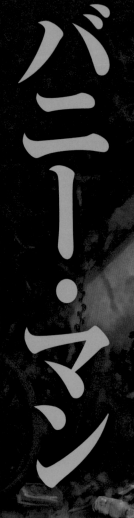

ウサギの着ぐるみを着たハロウィンの怪人

バニー・マン

アメリカのバージニア州を中心に噂されている、全身白いウサギの着ぐるみをまとった怪人。ハロウィンの時期になると、手にオノをもったバニー・マンが、子どもたちをおそいにやってくるという。

1900年代の伝説によると、この地域でウサギが大量に殺され、木につるされるという事件がおきた。この事件をきっかけに、バニー・マンの伝説が生まれたという説がある。

本格的に噂が広まったのは1970年代。ハロウィンの夜、橋の下のトンネル内で子どもたちが殺され、橋につるされるという事件がおきた。その後も、橋の付近に停車中の車がウサギの着ぐるみを着た男におそわれたという事件もおきている。

この橋は、いつしか「バニー・マン・ブリッジ」とよばれるようになり、その場所で「バニー・マン」と3回となえるとバニー・マンが本当にやってくるという噂もある。

	危険度	★★★	場所	バニー・マン・ブリッジ
	国・地域	アメリカ	時代	1900年代〜現代
怪人	特徴	ウサギの着ぐるみを身にまとい、オノをもつ。ハロウィンの時期にあらわれる。		

調査レポート

バニー・マンによる被害を出さないため、ハロウィンの時期になるとバニー・マン・ブリッジ周辺を、警察がパトロールしているという。バニー・マンの伝説は、2016年にホラー映画にもなった。

ブラッディー・メアリー

鏡にあらわれる血まみれの少女の霊

　アメリカに伝わる少女の幽霊の噂。「ブラッディー・メアリー」とは、鏡の中にあらわれる少女の幽霊の名前だ。夜中の０時に真っ暗なバスルームでろうそくに明かりをつけ、鏡の前で「ブラッディー・メアリー」と３回となえると、鏡の中に血まみれの少女があらわれる。メアリーをよび出すと、首をしめられる、目玉をぬかれる、鏡の中に引きずりこまれるといった、おそろしいことがおきるという。

　アメリカでは、きもだめしのようにチャレンジする子どもたちが多く、メアリーをよび出した少女がゆくえ不明になった事件もある。

　メアリーをよび出すには、３回ではなく13回「ブラッディー・メアリー」ととなえる、手鏡とろうそくをもって階段を後ろ向きにのぼるといった方法もあるらしい。

データ

霊魂

危険度	★★★	場所	鏡の中
国・地域	アメリカ	時代	現代
特徴		鏡の前で「ブラッディー・メアリー」ととなえるとあらわれる、血まみれの少女の幽霊。	

調査レポート

メアリーの正体は、一家心中で家族に殺された少女、魔女とよばれて焼き殺された女性という説がある。うらみをもった魂が今も鏡の中をさまよっているのかもしれない。

幽霊ホテル

心霊マニアに人気の幽霊が出るホテル

アメリカには泊まるとかならず心霊現象がおこるとされるホテルがある。スタンリーホテルというアメリカのコロラド州にあるホテルだ。

階段に立つ2人の女の子の霊、ピアノを弾く霊、ロビーにあらわれるホテルのオーナーらしき男性の霊など、さまざまな幽霊が目撃されている。なかでも、ホテルの4階はもっとも心霊現象が多く、夜になると、ろうかを走り回る子どもの足音が聞こえたり、かべをすりぬける女性の

幽霊があらわれたり、部屋の家具が勝手に動いたりするという。ホテルの従業員一家の霊ではないかともいわれている。

なぜこれほど霊が出没するのか、理由はわかっていない。100年以上のホテルの歴史の中で、むかし、おそろしい何かがおきたのかもしれない。ちなみにこのホテルは今でも泊まることができ、宿泊客に対して「ゴーストツアー」もおこなわれているという。

データ

危険度	★★★	場所	ホテル
国・地域	アメリカ	時代	1900年代～現代
特徴	幽霊や怪奇現象が数多く目撃されるホテル。とくに4階にあらわれる。		

現象

幽霊ホテル

有名ホラー小説&映画のモデルとなったホテル

スタンリーホテルが、幽霊ホテルとして世界的に有名になった出来事がある。1974年の冬、小説家とその家族がこのホテルに宿泊した。本当はこのホテルは冬期休業中だったが、彼らは旅行中、大雪のため行く場所がなくなり、しかたなくこのホテルに泊まらせてもらうことになったという。そのため、宿泊客は小説家とその家族だけだった。その夜、小説家は、小さな男の子がさけびながら、ろうかを走り回るという悪夢を見た。小説家は、この夢をもとに物語を書き、それが映画化されたことで、スタンリーホテルは幽霊ホテルとして世界的に有名になった。

スタンリーホテルの外観。美しいホテルの中に、何かがひそんでいるのだろうか。

ホテルにまつわる世界の都市伝説

心霊現象がおこるホテルは、スタンリーホテルだけではない。海外で今でも泊まることができる、世界の幽霊ホテルを紹介しよう。

✔ マートルズプランテーションホテル

アメリカのルイジアナ州にあるホテル。ここではかつて、クロエという少女が、2人の子どもと女性を毒殺するという事件がおき、その後、クロエも殺された。それ以来、クロエの幽霊や、殺された3人の幽霊が目撃さ れるようになった。いつのまにか子どもの手形があったり、鏡に人影が映ったりするという。

✔ ラッセルホテル

オーストラリアの大都市シドニーにある、古いホテル。むかし、この付近の船乗りたちがよく使っていたという。このホテルに泊まった客たちは、ろうかや部屋の中をうろうろと歩き回る船乗りたちの幽霊を、多数目撃している。理由は不明だが、もっとも幽霊が出るという噂の部屋は8号室だといわれている。

✔ ザ・ランガム・ロンドン

1865年にオープンした、イギリスのロンドンにある高級ホテル。幽霊の噂があるのは333号室。1973年に心霊現象が目撃されて以来、男性の幽霊がうろついているという。そのほか、このホテルで自殺をしたドイツの王子の霊、フランスのナポレオン3世の霊など、おもに5体の幽霊が確認されている。

ザ・ランガム・ロンドンのホテルの外観。

子どもをさらっていく
手足が異様に細長い怪人

　インターネットを中心に広まった都市伝説。「スレンダー」とは、「やせている、ほっそりしている」という意味。スレンダー男は、背が高く、とてもやせていて手足が異様に長い。いつも無表情で、黒いスーツを着ているぶきみな怪人だ。スレンダー男はとつぜんあらわれ、子どもを見つけるとしつこく追いかけまわして、どこかへ連れ去ってしまうといわれている。

　2009年ごろ、インターネットにスレンダー男が写った1枚の写真がアップされたことで、世界中で知られるようになった。その後、写真は作りものだという説が出て噂は落ち着いたように思われたが、スレンダー男を見たという子どもたちは、あとをたたないそうだ。

スレンダー男（おとこ）

データ			
危険度 ★★★		場所	子どもがいるところ
国・地域	アメリカなど	時代	2009年〜現代
特徴	やせている背の高い男で、手足が長く、黒いスーツを着ている。		

怪人（かいじん）

調査レポート

インターネットにはじめて写真が投稿されたのは2009年。その後、スレンダー男を見たという情報が次々と投稿された。有名になったことで、2018年にはスレンダー男が出てくる映画も作られた。

古くからいい伝えられている不吉な日

悪いことがおこるとされる、不吉な日についての都市伝説。アメリカやヨーロッパなどでは、古くから13は縁起の悪い数字とされ、ビルやホテルなどでは階や部屋に13を使わないことが多いという。同じように金曜日も不吉な曜日とされ、とくに「13日の金曜日」は不吉中の不吉な日で、結婚式や旅行など大切なイベントはさける風習がある。

実際、1972年のアンデス山脈に落ちた飛行機墜落事故など、13日の金曜日におきた大事件は多い。1907年に「13日の金曜日号」という船が13日の金曜日に沈没したという記録や、13日の金曜日の13時13分に少年が雷に打たれたという事故の記録ものこっている。

なぜ13や金曜日が不吉かは、イエス・キリストが処刑された日が金曜日だったから、時間や方位に使われる12に対して、13という数字は割りきれず調和を乱す数だから、などさまざまな理由がある。

13日の金曜日

データ

現象

危険度	★★★	場所	どこでも
国・地域	アメリカほか	時代	不明
特徴	13日の金曜日に、何か不幸な出来事や、大きな事件がおこる。		

◆調査レポート◆

アメリカでは、13日の金曜日に殺人事
件がおこるホラー映画が制作されたり、
「13日の金曜日恐怖症」という言葉が
あったりするほど、13日の金曜日の伝
説は信じられていて、学校や会社に行け
なくなるほど苦しむ人もいるという。

自分の子どもをさがす緑色の怪人

グリーンレディとよばれる、全身緑色をした女の怪人にまつわる都市伝説。

ハワイ・オアフ島の、ある植物園にあらわれる。子どもが1人で歩いていると、どこからともなくあらわれて、どこかへ連れ去っていくという。植物園を歩いていて、植物がくさったようなにおいがただよってきたら、グリーンレディがすぐそばにいるらしい。

グリーンレディには、悲しい伝説がある。むかし、この植物園に遊びにきた母親と子どもがいたが、目をはなしたすきに子どもがいなくなってしまった。子どもを失った悲しみを抱えたまま母親は亡くなり、やがてその地をさまようになり、グリーンレディとよばれるようになった。今でも植物園の中をさまよい、自分の子どもをさがしつづけているといわれている。

調査レポート

ハワイでは「OBAKE（おばけ）」という言葉があるほど日本の幽霊・妖怪文化が広まっている。同じ緑色の肌という共通点からか、グリーンレディと日本のカッパが結びつき、グリーンレディはカッパに近い妖怪だという人もいる。

グリーンレディ

データ

危険度	★★★	場所	植物園
国・地域	ハワイのオアフ島	時代	不明

特徴 魚のウロコのような皮ふをもつ。あらわれると、植物がくさったようなにおいがする。

怪人

若きエジプト王が天罰をくだす

ツタンカーメン王の墓の発掘にかかわったメンバーが死亡していく、なぞの現象についての都市伝説。

1922年、エジプト南部にある王家の谷という場所で、古代エジプトの王ツタンカーメンの墓が見つかった。墓の入り口に「王の安息をやぶるものは、死の翼に殺される」というぶきみな言葉が書かれていたが、ツタンカーメン王のひつぎは学者たちによって開けられた。

しかし、墓を発掘してから8年の間に、墓の調査にかかわった22人が次々となぞの死をとげるという、奇妙な出来事がおこったのだ。なかには「人の顔をした鳥が顔をひっかく」など死ぬ前にぶきみな言葉をのこしたメンバーもいた。墓をあばかれた古代エジプト神による呪いではないか、と噂されている。

データ

霊魂

危険度	★★★	場所	ツタンカーメン王のひつぎ
国・地域	エジプト	時代	1922年～1930年
特徴	黄金の仮面をかぶったミイラ。墓をあばいた人たちを、呪い殺していく。		

ツタンカーメンの呪（のろ）い

調査レポート

ツタンカーメン

ツタンカーメンにかかわって亡くなった人たち

ツタンカーメンに呪われた者は、実際にはどれくらいいるのだろうか。

最初に呪われたとされているのは、墓の調査を援助していたカーナヴォン卿だ。彼は墓の調査からわずか2か月後に高熱で亡くなった。その後、カーナヴォン卿の飼い犬と妻、調査を手伝った学者、墓を発見したカーターの秘書が急死する。

カーナヴォン卿の友人は、ツタンカーメンの墓を見学しただけでその翌朝に亡くなった。ツタンカーメンのX線撮影をおこなったリード、ミイラを調べた医師の1人も死亡した。

その後も、墓に関わった人たちの不幸はつづき、調査からたった8年で22人もの人が亡くなったそうだ。ぐうぜんとは思えないこれらの死の原因は、やはりエジプト王のねむりをさまたげた呪いなのだろうか。

ツタンカーメンのミイラにかぶせられていた黄金のマスク。

呪いのアイテムにまつわる都市伝説

ツタンカーメンのように、人を呪うとされる物にまつわる都市伝説はほかにもある。いずれも持ち主に大きな不幸をよぶものばかりだ。

✔ バズビーズチェア

イギリスには、すわると死をもたらすという恐怖のイスの都市伝説がある。そのイスは1700年代に死刑になった男がいつも使っていたもので、男の死後は酒場に置かれることになった。しかしそのイスにすわった人が次々と死んでしまう。わずかな期間のうちに60人以上の人が亡くなり、男の呪いだと噂になった。

✔ 妖刀「村正」

日本にも人を呪う刀の都市伝説がある。江戸時代の初代将軍・徳川家康の祖父と父を殺した「村正」という刀である。

その後、家康自身も村正でけがをし、家康の息子も村正で首をはねられた。家康は徳川家を代々呪う刀の力をおそれ、村正の刀をもつことを部下に禁じたという。

✔ ホープ・ダイヤモンド

インドで発見されたダイヤも呪われた石として有名だ。最初はこのダイヤをインドからうばったペルシアという国の王と軍の司令官が死亡した。ダイヤはフランスにわたったが、ルイ16世をはじめとする持ち主が次々と亡くなったという。

その後もオランダ、イギリス、ロシア、ギリシャ、アメリカと世界中の人々が持ち主となったが、いずれもダイヤがもたらす呪いのぎせい者となったそうだ。

ホープ・ダイヤモンドはアメリカのスミソニアン博物館に飾られており、今も見ることができる。

33

真っ黒な目の少年

ブラックアイドキッズとよばれる少年たち

　アメリカで目撃されている奇妙な子どもたちの都市伝説。目撃者によると、玄関をノックする音が聞こえてのぞき穴から見てみると、玄関の前に子どもたちが立っていた。彼らは「家に入れてくれ」と言ってきたが、ことわるとドアをさらに強くたたきはじめたという。彼らの顔をよく見てみると、白目がなく、真っ黒な目をしていた。

　似たような話はアメリカでたくさん報告されており、駐車場で車をとめていると、とつぜん見知らぬ子どもたちが窓ガラスをたたいてきて、「車に乗せてくれ」と言ってきたという。やはり彼らは真っ黒な目をしていた。攻撃してくることはないそうだが、ぶきみな見た目から目撃者をおそれさせている。もし彼らの望みをかなえるとどうなるのかは不明のままである。

怪人

データ			
危険度	★★★	場所	道路や家など
国・地域	アメリカ	時代	1990年代〜現代
特徴	白目がなく黒い目をした子どもたちが数人であらわれ、家に入れてくれと言ってくる。		

調査レポート

アメリカでは真っ黒な目の子どもたちは、邪悪な存在である悪魔の化身だと思われている。そのため、彼らを中に入れてしまうと悪魔に洗脳されてしまうと信じられているそうだ。

異次元にただよう、妖精のいる街

フィリピンのとある島で目撃されるなぞの街の都市伝説。ビリガンとよばれるその街は、ふだんは異次元にあるが、ときどきわたしたちの世界とつながることがあるという。出現するときに、まばゆい光を放つという情報もある。

街の様子はにぎやかで高層ビルがならんでいるが、現代にはないような未来的な建物も見られるという。そして街には、エンカントという妖精がくらしているらしい。

ビリガンにまよいこみ、ゆくえ不明になってしまった少女たちや、エンカントに恋をしてしまい、病気にかかってしまった男性の噂もある。また、この街で何か食べたり飲んだりしてしまうと、二度とこちらの世界にはもどってこられないという。目撃者の多くは船乗りで、今もその街の存在を信じる人が、フィリピンにはたくさんいるらしい。

データ

危険度	★★★		場所	街
国・地域	フィリピン		時代	現代

現象

特徴 別の次元にある妖精のいる街。その街に入ると出られなくなることもある。

36

神秘の街ビリガン

調査レポート

エンカントらしき女性たちに会ったというバスの運転手もいる。運転手は、女性たちに頼まれて、目的地までバスを走らせた。女性たちが降りたあと、そこがけわしい山の頂上で、不自然な角度でバスが乗っていたことに気づいたという。

マダム・コイコイ

ハイヒールのくつ音をひびかせる女教師の幽霊

ナイジェリアの中学校で噂されている都市伝説。ある中学校の寮では、夜な夜な女の幽霊があらわれるという。その名も「マダム・コイコイ」。「コイコイ」とは、日本語の「コツコツ」のようなくつ音のことだ。

中学校で先生をしていたとても美人な女性は、おしゃれでいつも赤いハイヒールをはいていた。とてもきびしい先生で、理由もなく生徒をたたくこともあった。そのせいで学校をクビになった直後に事故にあい、うらみをのこして死んでしまったそうだ。

この事件のあと、中学校の寮で夜になるとハイヒールの足音が聞こえるようになり、生徒たちをうらむ彼女の幽霊が復讐にあらわれたのだという噂が広まった。もし彼女のすがたを見てしまうと殺されてしまうといわれている。

データ

霊魂

危険度	★★★	場所	中学校の寮
国・地域	ナイジェリア	時代	現代
特徴	赤いハイヒールをはいた女教師の幽霊。くつ音をひびかせてあらわれ、生徒をおそう。		

調査レポート

マダム・コイコイは、ナイジェリアの学生の間ではとても有名な都市伝説で、噂の種類も多い。彼女が死んだのは生徒たちになぐられたからで、復讐のために幽霊となったという説もある。

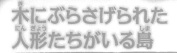

木にぶらさげられた人形たちがいる島

ぶきみな人形島

メキシコの首都メキシコシティの南部、ソチミルコ運河にある小島の都市伝説。

この小さな島に生えている木という木に、気味の悪い人形たちがぶらさがっている。その人形はどれも古びており、頭や手足がちぎれていたり、体がねじれていたりしている。クギで打ちつけられているものもあるという。

この異様な光景を作ったのは、ドン・フリアン・サンタナという1人の男。50年以上前、サンタナは運河で死んだ少女の霊を目撃する。この少女をなぐさめるため、彼女が亡くなった場所に人形をつるした。それ以来、何かにとりつかれたように島のあちこちに人形をつるすようになった。その数は、1500体以上といわれている。

この島を歩いていたら、人形に自分の名前をよばれた、人形がじっと見つめてきた、人形同士が頭を動かしてしゃべっているのを見たなど、ぶきみな体験をしている人が多い。

データ

危険度	★★★	場所 ソチミルコの人形島
国・地域	メキシコ	時代 1900年代～現代
特徴		島につるされた1500体以上の人形がしゃべったり、動いたりする。

⚡ 現象

調査レポート

ぶきみな人形島

供養のためにつるされた人形たち

この島につるされた人形の多くは、焼かれたように真っ黒だったり、体の一部がもげていたりして、その光景はとてもぶきみだ。また、この人形をかざった男サンタナがなぞの死をとげたことなどから、この島は呪われていると噂されるようになった。

だが人形は本来、呪われているわけではなく、運河で死んだ少女の霊をなぐさめるためにつるされたものだ。のちに島をおとずれる人の中には、亡くなった家族を供養するため形見の人形を島にかざった人もいたという。今では観光客でも人形をかざれるため、島につるされた人形の数は増えつづけている。

島の人形たちには、悪霊がとりついているのだろうか。

きけん！　世界のぶきみな土地

「バミューダ・トライアングル」（➡P122）など、呪われていると噂される土地はほかにもある。世界各地に広がるおそろしい心霊スポットを紹介しよう。

✓ 幽霊が出まくる島

イタリアのポヴェーリア島。かつて、この島の病院では、患者が何者かにとりつかれたように自殺をしたり、医者がおかしくなって、患者を殺したりするというおそろしい事件があった。真相はわからないまま、病院は1968年に閉じられ、やがて島に住む者はだれもいなくなった。今では無人島となっている。

✓ 世界一おそろしい墓

イギリスのグレーフライアーズ・カークヤードという墓地。『ハリー・ポッター』のロケ地としても使われた。ここをおとずれた170名以上の人が意識を失ったり、異常なポルターガイストを目撃したりしている。ジョージ・マッケンジーという強力な呪いの力をもつ霊をはじめ、悪霊たちがうごめいているという。

✓ ルーマニアの呪われた森

ホィア・バキュー・フォレストとよばれる森で、ルーマニア版「魔の三角地帯」といわれる。むかし、200匹もの羊とともに、羊飼いが消えてしまったという伝説が今も語りつがれている。この森をおとずれた人は、原因不明の頭痛や吐き気がおきたり、得体の知れない白いモヤを見たり、UFOを目撃したりしている。

一見ふつうの森だが、おそろしい何かがひそんでいるのかもしれない。

危険度	★★★	**場所**	家など
国・地域	世界中	**時代**	1949年～現代

データ

現象

特徴 悪魔や悪霊が人間にとりつき、きずをつけたり、ポルターガイストをおこしたりする。

悪魔つき

悪魔が人間にとりつき悪さする現象

悪魔や悪霊が人間にとりついて、さまざまな悪さをすることがある。

1949年、アメリカの少年のまわりで、ある日とつぜん、奇妙なことがおこるようになった。部屋にある家具がとつぜん浮かび上がったり、少年の体に見おぼえのないミミズばれができたりしたのだ。さらに、少年がベッドでねているとき、空中に浮かんだり、おそろしい顔をして神の悪口をいったりしたのを、少年の両親が目撃した。

両親は近くの教会に相談し、エクソシストとよばれる人に助けを求めた。エクソシストとは、悪魔払いの資格をもつ専門家のことだ。エクソシストは、聖水や十字架などを使って少年の中に宿る悪魔を引きずり出して退治し、なんとか少年を救い出すことができたという。

このような現象は世界各地でおきており、とりつかれた人間が命を落とすこともあったという。悪魔つきがなぜおきるのか、またどういう人がとりつかれやすいのかなど、くわしいことは今もわかっていない。

調査レポート

この都市伝説をもとにした小説から映画が作られた。その名も『エクソシスト』。1973年にこの映画がヒットしたことで、悪魔つきという現象やエクソシストの存在が世界中に知られることになった。

とつぜん人が 燃え出すなぞの現象

　火の気がないのに、とつぜん人の体から火が出て燃え出す現象の都市伝説。500年以上前から世界中でおきており、その数は数百件にもおよぶという。

　たとえば1731年のイタリアで、朝おきたら夫人がベッドの中で灰になっていた。1951年のアメリカで、イスにすわったまま女性が燃えていたり、1990年のフランスでも、シャワーをあびていた男子学生がとつぜん炎に包まれたりした。燃えるのは人体だけの場合が多いという。

　人体自然発火の原因は、体内にたまったお酒のアルコールが燃えたという説、脂肪が服にしみこんで炎上したという説、人の体から出る電気エネルギーが燃えたという説など、さまざまな噂があるが、原因は今もわからないままである。

データ		
危険度 ★★★	場所	どこでも
国・地域 世界中	時代	1500年代〜現代
特徴	人の体がとつぜん燃え出す現象。周囲のものはなぜか燃えないことが多い。	

現象

人体自然発火現象

人体自然発火現象は、家の中だけでなく、屋外でもおこる。1982年、アメリカでは、なんと朝に散歩中の女性が、とつぜん燃え出し、あっという間に灰になったところを周囲の人々が目撃している。

城でおこなわれた禁断の実験

　フランケンシュタイン城という城で、怪物を作り出す実験がおこなわれたという噂の都市伝説。

　この城に住むヨハン・コンラート・ディッペルというドイツ人の研究者は、人間の体をかいぼうする学問に興味をもっていた。やがて、どこからか人間の死体をぬすんできては、城の奥深くで、死体と死体を組み合わせた怪物を作り、死んだ人をよみがえらせようとする実験をおこなうようになったと噂されている。怪物が実際に完成したかどうかは不明だが、ディッペルはのちに処刑された。処刑された無念のためか、今でも彼の魂は、フランケンシュタイン城をさまよっているらしい。

　のちに、このディッペルをモデルに書かれたのが有名な『フランケンシュタイン』という小説である。

データ

怪物

危険度	★★★	場所	フランケンシュタイン城
国・地域	ドイツ	時代	不明
特徴	研究者がこの城にこもり、死体をよみがえらせようとした。		

一章

怪物を生んだ城

怪物を生んだ城

世界的に知られる物語になった都市伝説

「フランケンシュタイン」と聞けば、実在する城よりもみにくい怪物を思い浮かべる人のほうが多いのではないだろうか。この名前を有名にしたのは、1800年代に発表された小説『フランケンシュタイン』であり、1900年代頭には映画化もされた。インパクトが強かったせいなのか怪物そのものがフランケンシュタインとよばれるようになり、今でもハロウィンなどの仮装で人気の怪物の1人だ。

このように、人気のある物語のもととなった都市伝説は多い。人々の興味を引きつける噂の数々は、小説や映画になってもやはり見る者の興味をかきたてるのだろう。

ドイツのダルムシュタットという町の近くにある、フランケンシュタイン城。現在は建物の一部だけがのこっている。

映画のモデルとなった都市伝説

フランケンシュタインのように小説や映画をとおして世界的に有名になった都市伝説は多い。映画のモデルとなった海外や日本の都市伝説を紹介しよう。

✔ 13日の金曜日(➡ P26)

ホラー映画『13日の金曜日』のもとになった。映画に登場するマスクをつけた殺人鬼ジェイソンがとても有名だ。

✔ 犬鳴村

福岡県に幽霊が出ることで有名な峠がある。その近くにあるとされる犬鳴村にまつわる都市伝説。この村は地図にのっておらず、携帯電話も通じない。日本の法律が通用せず、一度入ると生きては出られないという。2020年、この村の噂を題材にした映画が公開された。

✔ スリーピー・ホロウ

アメリカに古くからある伝説のひとつで、スリーピー・ホロウとはニューヨークの近くの森にあらわれる首のない騎士だ。処刑され首を失った騎士が亡霊となって、森をおとずれた人々をおそうという。

この伝説は、アメリカの作家ワシントン・アーヴィングが『スリーピー・ホローの伝説』という小説を書いたことでさらに広まった。その後、映画やドラマにもなっている。

1999年に公開された映画『スリーピー・ホロウ』のポスター。

SLEEPY HOLLOW / Paramount Pictures / Ronald Grant Archive / Mary Evans / ユニフォトプレス

メキシコで生まれた現代版「こっくりさん」

　日本の「こっくりさん」のような、メキシコに伝わる降霊術。チャーリーという霊をよび出すゲームで、よび出されたチャーリーはいろいろな質問に答えてくれる。

　やり方は紙に十字の線を引き、4つのブロックの左上と右下に「YES（はい）」、右上と左下に「NO（いいえ）」と書き、2本のエンピツを十字の線にそってならべる。そして「チャーリー、チャーリー、あなたはそこにいますか？」ととなえると、エンピツが勝手に動いてYESを指すという。やめるときは「チャーリー、チャーリー、やめてもいいですか？」ととなえ、エンピツがYESを指せば終了だ。ゲームをとちゅうでやめたら、チャーリーにとりつかれるとされる。チャーリーは、メキシコの悪魔という噂もある。

調査レポート

　降霊術として「ヴィジャボード」も有名だ。1890年代にアメリカの会社が占い用ゲームとして発売したもので「チャーリーゲーム」や「こっくりさん」と同じように、専用のボードをとおして、霊からのメッセージを受けとれる。

チャーリーゲーム

データ

危険度	★★★	場所	ゲームをした場所
国・地域	メキシコ	時代	2015年ごろ〜現代
特徴			儀式をおこなって霊をよび出して、いろいろな質問に答えてもらう。

霊魂

しげみの中の人食い赤んぼう

　ブッシュベイビーとは「しげみの赤ちゃん」という意味の、ナイジェリアで有名な怪物だ。

　しげみにひそみ、泣き声は人間の赤んぼうそっくりだという。まっ赤な目と、するどいキバをもち、泣き声につられて近づく人間を食いつくす。しげみのそばにボロボロの服と骨がのこされていたら、ブッシュベイビーがあらわれた証拠だ。

　噂によると、ある孤児院のスタッフが、夜に森の奥で泣く赤ちゃんの声を聞いた。女性スタッフの1人が見に行ったが、なかなか帰ってこない。ほかのスタッフが見に行ったら、しげみの前に女性の血まみれの服と骨が転がっていたという。

　ブッシュベイビーの正体は、かつて、森に捨てられてしまった死んだ赤んぼうの幽霊ではないかといわれている。今でも母親を求めて、森の奥で泣いているのかもしれない。

調査レポート

赤んぼうの泣き声で人間を誘い出す話は日本にもある。たとえば、道で泣いている赤ちゃんを見つけてだきかかえると、しだいに体重が重くなるという、徳島県に伝わる子泣きじじいの伝説が有名だ。

死のブッシュベイビー

データ

危険度	★★★	場所	森の奥のしげみの中
国・地域	ナイジェリア	時代	不明
特徴	しげみの中にひそみ、人間の肉を食べる。まっ赤な目と、するどいキバをもつ。		

怪物

南アフリカ版
「トイレの花子さん」

　南アフリカの学校に出る怪人の都市伝説。放課後の人がいなくなった学校のトイレに、髪がピンク色の女の子の怪人があらわれるという。ねらわれるのはピンク色の服や下着をつけている少女で、怪人は「ピンク色の服をくれ」と言ってくることから「ピンキー・ピンキー」と名づけられた。そのすがたは、髪の色以外は、南アフリカに伝わる「トコロシェ」という小さくてみにくい悪霊にそっくりらしい。もしピンク色のものを渡すことができなければ、殺されてしまうという。

　この地域では、女の子がゆくえ不明になる事件がおきるたびにピンキー・ピンキーのしわざだと信じられ、おそれられている。

ピンキー・ピンキー

データ

怪人

危険度	★★★	場所	学校のトイレ
国・地域	南アフリカ	時代	現代
特徴	ピンク色の髪をした少女の怪人。ピンク色の衣服を身につけた少女をおそう。		

ピンキー・ピンキー

トイレの怪人は世界中にいる!?

別の噂によると、ピンキー・ピンキーは1本足で、するどいツメをもった怪人ともいわれている。中には半分が人間で半分が犬やネコなど動物の半人半獣だったり、白い「トコロシェ」や「ブギーマン」(⇒P80)のようなすがたがただったりするという噂もある。

ところで、日本のトイレの怪人といえば、小学校の女子トイレにあらわれる「トイレの花子さん」だろう。ピンキー・ピンキーのように、日本以外にもトイレの怪人が世界中にいるのはおどろきだ。今のトイレとくらべて、むかしのトイレはもっと暗く、悪臭がただよっていた。そんな環境の悪いイメージから、悪霊がトイレに住んでいるという噂が生まれやすかったのかもしれない。

白い布をかぶっているのが、スペインの画家・ゴヤが描いたブギーマン。ピンキー・ピンキーとは子どもをおそう怪物という共通点もある。

世界中にいるトイレの怪人

ピンキー・ピンキー以外にも、日本のトイレの花子さんと似たようなトイレの怪人は、世界中にいる。トイレにあらわれる怪人たちを紹介しよう。

✔トイレのロイラ

1980年代に、ブラジルのサンパウロの小学校で噂になった、トイレの怪人。トイレのいちばん奥の個室に入り、水を3回流すと、トイレの鏡の中にロイラがあらわれる。ロイラの正体は不明だが、このトイレで死んだ女の子で、口と鼻に脱脂綿をつめているらしい。

✔赤いマント・青いマント

日本のトイレにあらわれる怪人。夕方の学校のトイレにあらわれる赤いマントをはおった男で、「赤いマントと青いマントと、どちらがいい?」と聞いてくる。赤いマントと答えればさされて衣服が真っ赤になり、青いマントと答えると血をぬかれて肌が真っ青になるという。

✔鏡の中のベロニカ

スペインで、バスルームなどの鏡に出る、血まみれの少女の怪人。アメリカでは「ブラッディー・メアリー」(→P18)とよばれている。夜、刃物をもちながら鏡の前でベロニカの名前を何度かとなえると、鏡の中にあらわれて、なんでも質問に答えてくれるが、よび出した人を殺してしまうこともあるという。

トイレやバスルームには何かがひそんでいる?

深夜の教会でおこなわれる死者のミサ

　スウェーデンでは、死者たちのミサ（キリスト教のお祈りの儀式）がおこなわれる教会があるという。

　クリスマスの夜、ある少女が目をさまして外を見ると、教会のあかりがついていた。ミサは早朝におこなわれる予定だったので、ねすごしたと思った少女は教会にいそいで向かったが、そこにいたのは知らない人たちばかりだった。少女はふしぎに思い、となりにすわっている人を見たら、なんと先日死んだはずのおばあさんだった。おばあさんが女の子に気づいて、「ここは死者のミサがおこなわれている場所だから、生きているあなたが見つかれば殺されてしまう。だから早くにげなさい」と教えてくれたため、女の子はにげることができたという。

　深夜の教会で死者たちのミサを見たという噂は、ヨーロッパでは古くからある伝説である。

調査レポート

　一説によると、もし死者たちのミサにまよいこんでしまったら、コートなど身につけているものを死者たちに向かって投げつけることで、ぶじににげることができるという噂もある。

死者たちのミサ

データ			
危険度 ★★★		**場所**	深夜の教会
国・地域 スウェーデンなど		**時代**	不明〜現代
特徴	深夜の教会で死者がおこなうミサ。生きた人間がまよいこむと殺されてしまう。		

霊魂

61

アメリカ大統領の幽霊が出る屋敷

ホワイトハウスの幽霊

アメリカの大統領が代々住む家、ホワイトハウスで目撃されている都市伝説。第16代大統領のリンカーンは1865年に暗殺されたが、その後たくさんの人が彼の幽霊を目撃した。リンカーンがろうかを歩く足音が聞こえたり、寝室のドアをノックする音が聞こえたりしたという。

また、リンカーンの幽霊がとつぜんあらわれ、消えたという目撃談もある。ほかにも、第2代大統領ジョン・アダムズの妻、アビゲイル夫人の幽霊があらわれる部屋や、第7代大統領のアンドリュー・ジャクソンがあらわれる部屋があるなど、幽霊の目撃情報はあとをたたない。

ホワイトハウスには今も変わらずアメリカ大統領とその家族がくらしているが、今も夜な夜な幽霊たちが歩きまわっているのかもしれない。

調査レポート

第4代大統領ジェームズ・マディソンの妻、ドロシーの幽霊も目撃されたことがある。彼女は自分が作ったバラの庭園を気に入っており、彼女の死後にバラを掘り返そうとした庭師たちの前に怒ったドロシーの幽霊があらわれたという。

データ

危険度	★★★	場所	ホワイトハウス
国・地域	アメリカ	時代	1800年代〜現代

霊魂
（れいこん）

特徴　ホワイトハウスに歴代の大統領やその家族の幽霊があらわれる。

THIS MAN
ディス　マン

世界中の人の夢に出てくる男

　アメリカを中心に世界中に広まっ
たなぞの男の都市伝説。

　2006年、ニューヨークに住むあ
る医者のもとに「知らない男が夢に
出てくる」と女性が相談にきた。女
性はその男の似顔絵を描き、太いま
ゆげ、ギラギラした目、大きな口だっ
たと説明した。数日後、別の患者か
らも「会ったこともない男が夢に出
てくる」という相談があり、似顔絵
を描いてもらうと、女性が描いた似

顔絵とそっくりだったのだ。その
後、ほかの病院でも、同じ男の夢を
見たという患者がいることがわかっ
たという。

　そこで医者は、夢にあらわれる
男を「THIS MAN（「この男」とい
う意味）」と名づけて、ホームペー
ジで公開した。すると、アメリカだ
けでなく世界中から、同じ男の夢を
見たことがあるという人の証言が、
2000以上も集まったそうだ。

データ			
危険度 ★★★		場所	夢の中
国・地域	アメリカなど	時代	2000年代〜現代
特徴	太いまゆげで大きな目の男。世界中の人の夢の中にあらわれる。		

現象

調査レポート

夢の男はアメリカの男性の作り話から始まったともいわれている。しかし、実際にこの男が夢に出てきたという人たちの証言はたくさんあり、なぜ同じ男の夢を見てしまうのかはなぞのままである。

世界の怪奇スポット

まだまだある世界のふしぎスポット

　この世界には、都市伝説として噂されている、なぞに満ちた土地がたくさんある。たとえば、2014年にロシアのヤマル半島で発見された、無数の巨大な穴。深さ約60mになるものもあるらしく、いつどのようにできたのか、わかっていない。いん石が衝突した、宇宙人のしわざ、地下世界の存在など、さまざまな噂がある。

　また、トルクメニスタンにある「地獄の門」とよばれる穴も有名だ。地中からは有毒ガスがふきでていて、40年以上、ものすごいいきおいで火が燃えつづけているという。

　古い時代からある遺跡にも、怪奇現象がおきている。メキシコのエル・カスティーヨ神殿は、200～1300年代に栄えたマヤ文明の遺跡だ。この神殿の頂上では、とつぜんあやしい光の柱が立ち、観光客をおどろかせた。未知のエネルギー説、神様が地上にあらわれた説などがある。そのほか、古代エジプトのサッカラ遺跡の壁画には、宇宙人や宇宙船のようなものが描かれており、その宇宙人に似たミイラも発見されている。古代エジプトにはかつて宇宙人がいて、神としてまつられていたのではないか、という噂もある。

　このように古くから存在している土地には、ふしぎな現象や噂がつきものだ。科学の発達がめざましい現代においても解き明かされない多くのなぞが、世界には満ちている。

ロシア東部シベリアのヤマル半島で発見された大きな穴。

二章

荒ぶる世界

人々をおびやかす恐怖の影。それはとき
に荒々しくキバをむく。おそるべき怪異
のものたちは、わたしたちを暗闇の世界
に連れ去る機会をうかがっている。

調査レポート

1920年代、はじめて飛行機で大西洋を横断したチャールズ・リンドバーグも、機内でグレムリンを目撃したという。このときのふしぎな経験は本にしるされ、1953年に出版された。

グレムリン

機械いじりが大好きないたずらもの

機械いじりが好きな怪物の都市伝説。戦争中、イギリスの軍用機の中に、たびたびあらわれたという。グレムリンは飛行機の知識をもっており、電線をかみ切ったり、機体に穴を開けたり、燃料を飲んだりするなどいたずらをして、飛行機をわざと故障させる。一方、操縦士に正しい指示を出して、飛行機の遭難をさけ

たという噂もある。

現在もグレムリンは世界中で目撃されており、身長は15〜50cmくらいといわれている。毛のまばらなウサギに似ていた、ツノがはえていた、するどいツメがあった、足にヒレがついていたなど、そのすがたはさまざまだ。赤い上着と緑の半ズボンをはいていた、という情報もある。

怪物

データ		
危険度 ★★★	場所	飛行機の中など
国・地域 イギリスなど	時代	1910年代〜現代
特徴	小さな精霊。飛行機にいたずらするのが大好きだが、人は直接おそわない。	

データ

	危険度	★★★	場所	道路
⚡ 現象	国・地域	チェコ	時代	1980年代～現代
	特徴			青いライトをつけた黒い救急車が人をさらい、殺してしまう。

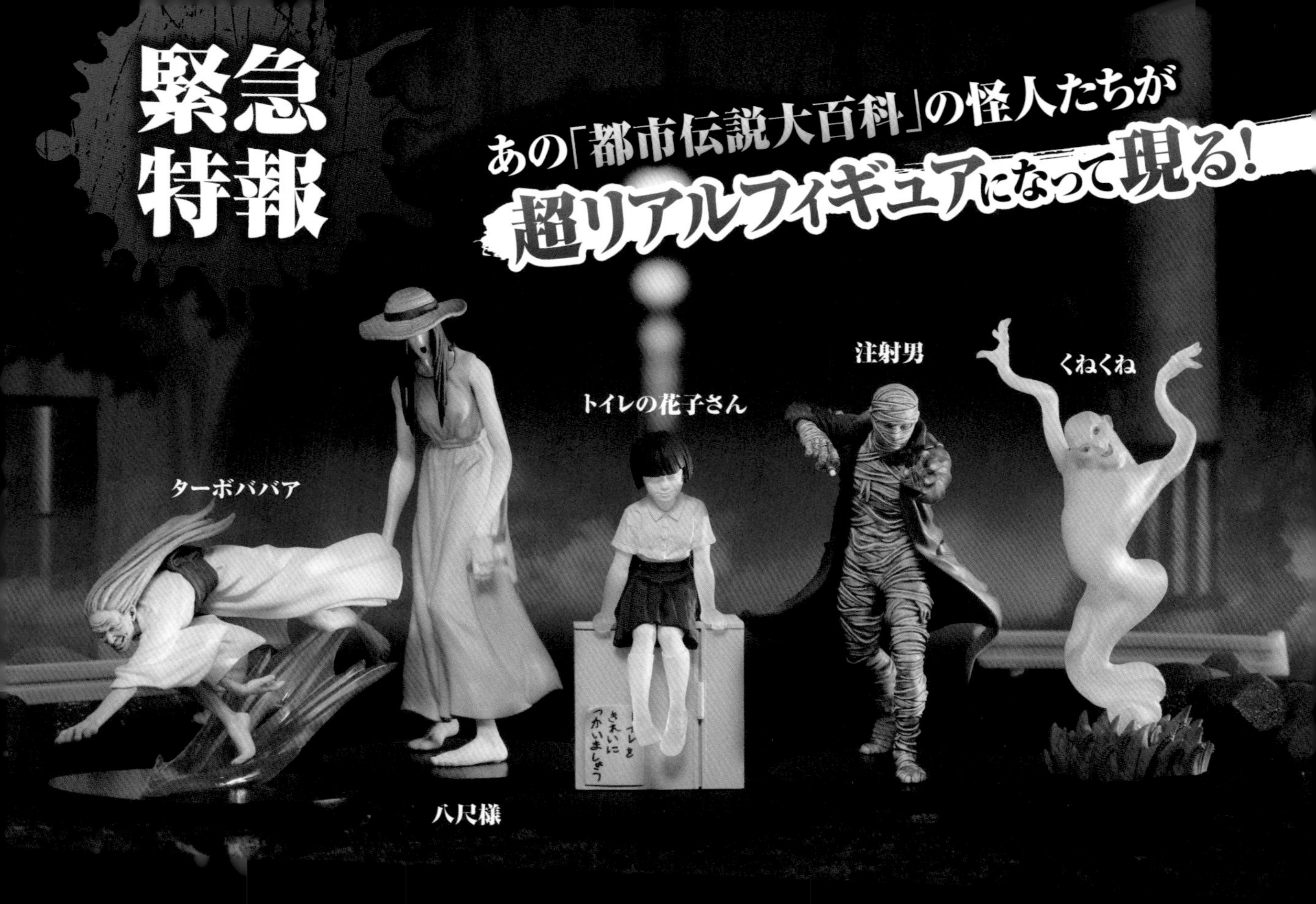
緊急特報
あの「都市伝説大百科」の怪人たちが
超リアルフィギュアになって現る!
ターボババア
八尺様
トイレの花子さん
きれいに
つかいましょう
注射男
くねくね

八尺様

身長が240cmほどもあるとされる怪人。帽子をかぶっており、「ぽぽぽぽぽ」といった不気味な笑い声をあげるという。八尺様に気に入られてしまうと数日以内に死んでしまう。

注射男

全身包帯をまいて、町をさまよう怪人。電信柱のかげにかくれて子どもをまちぶせし、「今、何時？」と時間を聞いてくる。そうやって油断させた子どもの腕に注射をして、去っていくという。

田んぼ

くねくね

全国各地の田んぼにあらわれる。まっ白い体をくねくねとくねらせながら動き、遠くから見るだけなら問題ないが、間近で見てしまうと、頭がおかしくなってしまうといわれている。

**ターボ
ババア**

高速道路を車で走っているときに目撃される
老婆のすがたをした怪人。よつんばいで車を
追いかけてきて、走るスピードは車と同じく
らいだという。

もしかしたらキミのすぐ近くにも…

**トイレの
花子さん**

赤いスカートをはいたおかっぱすがたの女の
子の幽霊。学校の3階にある女子トイレの3番
目のとびらを3回ノックし、「花子さん、遊び
ましょう」というと、返事が聞こえるという。

怪人目撃マップ

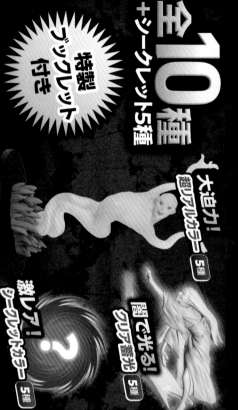

黒い救急車

子どもや若い人を連れ去る救急車の怪

チェコに広まったおそろしい都市伝説。チェコの救急車はふつうは黄色い色をしているが、たまに黒い救急車が出没することがあるという。

ある夜、若い男性が道を歩いていると、青いライトをつけた黒い救急車が近づいてきた。そばで車がとまり、たくさんの人が出てきて男性は車の中に連れこまれてしまった。そ

して注射を打たれ、死んでしまったらしい。目的は不明だが、心臓などを売るためとも噂されている。

おもにねらわれるのは、子どもや若い人で、チェコでは1980年代にテレビ番組などで噂が広まったそうだ。救急車で子どもがさらわれてゆくえ不明になってしまうという都市伝説は、チェコ以外にもある。

◆調査レポート◆

救急車にまつわる都市伝説といえば日本にもある。日本の救急車は白色だが、その救急車は黄色であるという。黄色い救急車は、とつぜんあらわれて人を乗せ、そのまま連れ去ってしまうのだという。

トイレにあらわれるお金もちの怪人

インドネシアの子どもたちの間で、1990年代ごろから噂されているトイレの怪人。

ミスター・ジペンは学校の女子トイレにあらわれ、長く黒い手をのばして、個室に入ってきた子どもをおそったり、さらったりする。いい怪人という噂もあり、ミスター・ジペンはお金もちなので、彼の電話番号7777777に電話をかけると、お金をわけてくれるらしい。電話をかけた次の日に、電話をかけた人の家のトイレにお金があらわれるという。電話をかける場所は、とくに決まっていないようだ。願い事をかなえてくれるという噂もある。

ミスター・ジペンの正体は、むかし、落下するエレベーターに押しつぶされて死んだお金もちの会社員の男性だといわれている。

データ			
危険度	★★★	場所	学校や自宅のトイレ
国・地域	インドネシア	時代	1990年代〜現代
特徴	子どもをさらったり、電話をくれた人にお金をあげたりする。		

怪人

ミスター・ジペン

call
7777777

調査レポート

ちなみにミスター・ジペンという怪人の名前は、「平らにされた」という意味のインドネシア語「Gepeng」から来ている。エレベーターに押しつぶされて死んだので、そうよばれるようになった。

バディ少年への
ハガキ

病気の少年に
送られた大量の手紙

　ヨーロッパやアメリカで流行した、手紙にまつわる都市伝説。

　ある村に、重い病気をわずらったバディという少年がいた。いつ命がつきるかわからないバディ少年には夢があり、それは「もっともハガキを集めた人」としてギネスブックにのることだった。その結果、その噂が村中に広まり、ラジオや新聞でも取りあげられたため、少年に同情した人々は病院あてにハガキを送り、彼の夢をかなえようとした。

　ところが話は急展開する。少年がいるとされた村の郵便局には何千通ものハガキが届いたが、村のどの病院にも、バディという名前の少年は存在していなかったそうだ。

　この噂は流行しては消えるということをくりかえし、忘れられたころに似たような噂がまた広まるそうだ。今も世界のどこかで、バディのためにハガキを送ろうとする人がいるのかもしれない。

データ		
危険度 ★★★	場所	病院
国・地域 アメリカ、ヨーロッパ	時代	1980年代〜現代
特徴 病気の少年の夢をかなえるために大量のハガキが集まるが、その少年はどこにもいない。		

現象

調査レポート

最初にこの噂が広まったのはスコットランドだといわれている。トラックの運転手がラジオで少年にハガキを送ろうという話を聞いたそうだが、実際にそのようなラジオ番組が流れたのかは確認されていない。

少女の血をねらう
ぶきみな怪物

イギリスの墓地に吸血鬼があらわれるという都市伝説。ロンドンの中心地から少しはずれたところに、有名人もねむる古い墓地がある。この墓地では、むかしから吸血鬼や幽霊が出るという噂がある。1970年ごろの目撃情報によると黒い帽子をかぶり、古い時代の服を着ている男が、墓をうろついていたそうだ。その男はふわふわと浮いていたという。

その後、周辺では少女が男に血をすわれたという事件がおきたり、ノドをかまれたキツネの死体が見つかったりした。さらに黒魔術をあやつる「吸血鬼王」とよばれた貴族の男性がこの墓地に埋葬されているとわかったため、この墓地に出る男は吸血鬼にちがいない、と噂されるようになった。

この墓地は有名になり、たくさんの人がおとずれるようになった。吸血鬼だけでなく、首のない幽霊、自転車に乗った幽霊なども新たに目撃されたという。

吸血鬼がさまよう墓地

データ

怪物

危険度	★★★	場所	墓地
国・地域	イギリス	時代	1970年代〜現代
特徴	黒い帽子をかぶり、足は地面から浮いている。墓地をうろうろと歩き回っている。		

吸血鬼がさまよう墓地

吸血鬼は本当に存在したのか…？

　ハイゲイト墓地の吸血鬼騒動は、当時テレビでも紹介された。1970年、目撃者をテレビで紹介したところ、「吸血鬼狩り」のために、大勢の人たちがハイゲイト墓地に押しよせてしまった。警察も出動するほどの騒ぎになったという。

　むかしから、吸血鬼さがしのため墓場の遺体がよくほりおこされていた。もし遺体がくさらず、血がついていたら吸血鬼だと見なされて心臓にくいをうたれたという。現在では、吸血鬼の正体は、埋葬された人が息をふきかえし墓から出ようともがいたすが、死者がよみがえったように見えたのかもしれない、と考えられている。

木々にかこまれた、ロンドンにあるハイゲイトの墓地。

世界各地の吸血鬼伝説

ハイゲイト墓地以外にも、吸血鬼を見たという噂や、なぞの吸血事件にまつわる噂は世界各地にある。吸血鬼は世界中にひそんでいるのかもしれない。

✔ 女吸血鬼デアルグ・デュ

アイルランドに伝わる女の吸血鬼。「赤い血を吸うもの」という意味で、ふだんは美しい女性のすがたをしているが、男性や子どもを自分のすみかに連れこみ、死ぬまで血を吸いとるという。デアルグ・デュからにげるには、彼女の墓の上に石を積み上げて、外に出てこられないようにするといいらしい。

✔ 見えない吸血鬼

インドにも吸血鬼に似た伝説がある。とつぜん、夜中に目に見えない何ものかがあらわれて、人間の首や手足などに、かみきずやひっかききずをのこしていくという。この吸血鬼は幽霊のようにすがたがまったく見えず、奇妙な音を出しながら、人の血を求めてやってくる。女性や妊婦をおそうという説もある。

吸血鬼を追い払う方法

吸血鬼を退治する方法はいくつかある。古くから伝わる有名な撃退法として、聖水をふりまく、木のくいで心臓をつらぬく、銀の十字架をかざす、太陽の光をあびせる、ニンニクのにおいをかがせる、などがある。また影があるかどうかで吸血鬼を見分けられるともいわれている。

吸血鬼退治のアイテム。

悪い子を食べてしまう
おそろしい怪人

スコットランドで噂され、やがてヨーロッパやアメリカにも噂が広がった、子どもをつけねらう怪人。ブギーマンという名前には、幽霊や鬼、悪い妖精、夜の霊、ベッドの下の怪物、何かがひそむといった、さまざまな意味があるという。

ブギーマンは暗がりからどこからともなくやってきて、悪い子どもをさらって食べてしまう。夜の森や学校、街角といった暗い場所のほか、家のクローゼットの中やベッドの下など、どこからでもあらわれる。出没する時間は決まっていない。

見た目は目撃者によって異なり、性別は不明だ。めだたない服を着てフードで顔をかくしている、するどいキバやツメをもつ、子どもをさらうための大きなふくろをもち歩いている、という噂もある。ブギーマンにねらわれない方法はただひとつ、いい子にしておくしかない。

ブ
ギ
ー
マ
ン

データ

怪人

危険度	★★★	場所	家の寝室など
国・地域	アメリカ、ヨーロッパ	時代	現代
特徴	暗いところにかくれている怪人で、悪いことをした子どもをさらって食べる。		

調査レポート

ヨーロッパなどでは親が子どもをしかる
とき「悪い子はブギーマンがさらいにく
るよ」とおどかすらしい。このように悪
い子のもとにあらわれる恐怖の存在は世
界各地にいて、ブルガリアではクケリ、
日本では秋田県のなまはげが有名だ。

悪魔のおもちゃ箱

中に入ると悪魔に魂をぬかれる小屋

　悪魔のおもちゃ箱という名前の小屋。英語で「デビルズ・トイボックス」といい、アメリカのルイジアナ州のどこかにある。この小屋の中には、ゆかから天井まで、びっしりと鏡がはられていて、入ってきた人間はすべての鏡に映し出される。ここに長い時間いつづけると、悪魔に魂をぬかれてしまうといわれている。

　ある子どもが遊び半分で中に入ると、とつぜん泣きさけんで飛び出してきて、2週間後に亡くなってしまったという。小屋に入って心臓発作をおこした人もいる。また、この小屋に4分間いた男性は精神がおかしくなり、外に出たあと二度としゃべれなくなってしまったという。

　このぶきみな小屋をいつ、だれが、どんな目的で作ったのかは不明だ。

データ			
危険度	★★★	場所	小屋の中
国・地域	アメリカ	時代	2000年代〜現代
特徴	この小屋に入った人は悪魔に魂をぬかれ、精神がおかしくなる。		

現象

82

調査レポート

一度、超常現象の調査をおこなっている
メンバーがこの小屋をおとずれたが、長
い時間、中にいることができなかった。
「この場所に５分もいたら、頭がおかし
くなってしまう」と語ったという。

幽霊駅

幽霊が出まくるという噂の地下鉄の駅

中国の上海には「幽霊が出る駅」と噂になっている駅がある。上海を走る地下鉄のとある駅だ。これまで8名が亡くなっていて、なぜか自殺をする人や転落事故で亡くなった人があとをたたない。

ある目撃者によると、電車を待っていた男性がとつぜん、何かに無理やりひきずられるようにホームに落ちてしまい、そのまま電車にひかれてしまったそうだ。

そのほか、ベンチにすわっている赤い服を着た女の子の霊を見た、高笑いしながらトンネルに消えて行く女の人の霊を見たなど、幽霊の目撃情報がつきない。

じつはこの駅のそばに葬儀場の遺体安置所があるといわれている。死にきれなかった死者たちの霊魂が集まり、この駅を利用する人たちを道連れにしようとしているのかもしれない。

調査レポート

終電の時刻に幽霊が目撃されることが多い。そのため、最終列車ではこの駅を使わないようにしたり、電車をおりるときはトンネル側の出入り口は使わないようにしたりする人もいるという。

悪魔の足をもつ男

メキシコやアメリカのダンスホールにあらわれるという、ぶきみな男の都市伝説。

噂によると、カウボーイのかっこうをした派手な男がやってきて、女性をダンスに誘うという。男がダンスに夢中になるとしだいに変身がとけ、下半身がニワトリの足のようになっていく。だれかが気づいて悲鳴をあげると、その男はさっと消えてしまう。あとには白いけむりと妙なにおい、そして人間ではありえない形の足あとがのこるという。

男の足は馬のヒヅメのようだったという目撃情報もある。メキシコやアメリカでは、ニワトリや馬の足をもつものは悪魔だと信じられている。そのため、ダンスホールにあらわれる男の正体は、悪魔だとおそれられている。

調査レポート

メキシコに古くからある伝説によると、ニワトリや馬のような足をした悪魔か魔女がおそろしいダンスをおどるという。この伝説が、ダンスホールにあらわれる男の噂と、結びついたのかもしれない。

データ

危険度	★★★	場所	ダンスホール
国・地域	メキシコ	時代	現代
特徴	ダンスに誘ってくるカウボーイすがたの男。ニワトリや馬のような足をもつ。		

二章

ダンスホールの悪魔

幽霊が出る村 ブラックリー

ギネスにものった 幽霊たちの村

「イギリスでもっとも幽霊が出る村」として、1998年にギネスブックに正式に認定された村にまつわる都市伝説。

ブラックリーは、イギリスのケント州アシュフォード地区にある人口1000人くらいの小さな村で、1000年近い歴史をもつ。ギネスブックには、その村に出現する幽霊は12人いると登録されている。よく目撃されるのは、ブラックホースという酒場にあらわれる少女の幽霊、村にかかるクロスロード橋に出る焼け死んだ女性の幽霊、教会や墓地周辺にあらわれる赤い服を着た女性の幽霊などがいる。

なぜ、この村にこれほど幽霊が集まっているのか理由は定かではない。毎年ハロウィンの時期になると、幽霊を見ようと多くの観光客がこの村をおとずれるという。

データ

| 危険度 | ★★★ | 場所 | 村 |
| 国・地域 | イギリス | 時代 | 現代 |

霊魂

特徴 村のあらゆるところに幽霊の目撃情報があり、今も目撃されている。

幽霊が出る村プラックリー

怪奇現象がおこる村

　プラックリーの村に出る幽霊としてギネスに登録されている数は、12。前のページで紹介した３人以外に、次のような人や動物の幽霊がいる。

　工事中に死んで今も悲鳴をあげつづける男の霊。木で首を吊って自殺した学校の先生の霊。かしの木の下で旅人に殺されたロバート・デュ・

ボアという男の霊。教会墓地にあらわれる白い女性の霊。その女性によりそう犬の霊。恋するあまりに自殺をした僧侶の霊。かつて鍛冶屋があった場所にあらわれる２人の霊。交差点にあらわれ四輪馬車をひく馬の霊。最後は村のホテルにあらわれる、ピストル自殺した男の霊だ。

一見のどかなプラックリーの村。

世界中にあるふしぎな村

村人が悪霊に食べられた村、死者が住んでいる町、呪いのためにすたれてしまった村。世界にはまだまだ、ふしぎな村や町がある。

✓ 悪魔が住人を食べた町

アル・ジャジーラ・アル・ハムラという、アラブ首長国連邦の古い町。1800年代には約4000人もの人が住む港町だったが、1960年代に、悪霊におそわれて村人たちがほとんど食べられてしまったという噂がある。現在も人が住んでいるが、家のかべには悪霊を追い払うため、人間の手形がはってあるらしい。

✓ 死者の町ダルガフス

ロシアの山ぞいにある町。この町の建物は白い建物で統一されていて、じつはすべて墓だという。1700年代に病気で亡くなった、1万人以上の遺体がうめられているという。今では観光地となっているが、墓地をおとずれた人は死期が早まる、まよって永遠に帰れなくなるという噂があり、地元の人は近づかない。

✓ 魔女の村トラスモス

スペインにある小さな村。1200年代に「魔女が住む村」として噂になり、教会から呪いをかけられたという。この呪いにより、なぞの病がはやったり、城が焼けたりして、村人がほぼいなくなってしまった。今では観光地として魔女アイテムを販売したり、年に1度、今年の魔女を選ぶイベントをおこなったりしている。

丘の上にある美しい村トラスモス。

次元の裂け目

たくさんの人が急に消えてしまった戦場

人を飲みこんでしまう次元の裂け目にまつわる都市伝説。世界では、とつぜん人が消失する事件が、たくさんおきており、消えた人々は別の次元に飛ばされてたのではないかと噂されている。日本の都市伝説「神かくし」と似た現象のようだ。

たとえば1915年、ニュージーランド兵22名の目の前で、約300人もいたイギリスの兵士たちが、あやしい雲に包まれて消えてしまった。イギリス政府が調査をおこなったが、彼らは今もなおゆくえ不明のままだ。1900年ごろにオーストラリアでおきた事件もある。岩山に遠足に出かけた学校の教師1人と生徒2人が、とつぜん消えてしまったそうだ。1914年のメキシコでは、男性が行き止まりのどうくつに入り、二度と出てこなかった。

次元の裂け目の先が、本当に別の次元なのかはまだわかっていない。

データ

危険度	★★★	場所	全国各地
国・地域	世界中	時代	現代
特徴	次元の裂け目に飲みこまれ、人がとつぜん消えてしまう。		

現象

調査レポート

人が消失後、もどってくる場合もある。
1989年、ブラジルの空港に見知らぬ航
空機が不時着したが、乗っていた人々は
全員白骨化していた。のちに調査したら、
この航空機は、35年前にゆくえ不明に
なっていたものだったという。

動物や老婆の幽霊が出る高速道路

　スコットランドでは、50年以上幽霊が目撃されつづけている高速道路がある。キンマウント・ストレイトという道路で、通称A75とよばれる。ここでは犬や鳥などの動物の霊、人間の幽霊、なぞの悲鳴などさまざまな怪奇現象がおこるという。

　1962年、トラックの運転手の目撃情報によると、この道路で次々と奇妙な体験をした。まず、夜中に走行中、とつぜん目の前にニワトリがあらわれ、ガラスにぶつかる瞬間にパッと消えた。運転手がほっとした直後、今度はトラックのとなりにみにくい老婆が走っていて、目が合うとふっと消えた。その直後、大量の動物の群れがあらわれては消えることが、くり返されたという。

　この道路に、なぜこれだけ幽霊が集まるのかはなぞだ。ふしぎなものをよびよせる何らかのパワーが、この場所にはあるのかもしれない。

調査レポート

　地元の調査員によると、ほかにもさまざまな目撃情報がある。目のない怪物、車をのぞきこむ巨大なおばけ、パレードのように列をなす幽霊たちの群れ、さらにUFOを見たという情報もあるという。

幽霊が出る道路A75

二章

データ

危険度 ★★★	場所 道路

霊魂

国・地域 スコットランド	時代 1960年代〜現代

特徴 幽霊がたくさん目撃されている高速道路。
動物や老婆など、あらゆる霊が出る。

95

	危険度	★★★	場所	ルルドの村
現象	国・地域	フランス	時代	1857年〜現代
	特徴	泉の水にふれたり、飲んだりすることで、あらゆる病を治すことができる。		

ルルドの泉

万病を治すという奇跡の泉

フランス南部の小さな村ルルドにある、奇跡の泉にまつわる都市伝説。

1857年、ベルナデッタ・スビルーという14才の少女がどうくつで聖母マリアを目撃した。その後、少女は何度も聖母マリアを目撃し、9回目にあらわれたとき、聖母マリアが告げた場所から泉がわき出した。

この泉の水を飲んだり、泉の水をあびたりすると、歩けなかった人が歩けるようになったり、重い病気の人が治ったりするなど、おどろくべき奇跡がおこったという。奇跡の泉の噂はどんどん広まり、今ではキリスト教の聖地として、多くの人たちがおとずれている。

ふしぎなことに、泉の水の成分はふつうの水と変わらないそうだ。科学の力では証明できない、神秘的な神の力が働いてるのかもしれない。

◆調査レポート◆

聖母マリアのすがたは、時代をこえて世界各地で目撃されている。ほかにも、1968年にエジプトの首都カイロのコプト正教会にあらわれた「エジプトの聖母マリア」（→P130）も有名である。

97

人間の体から出てくるなぞの白い物質

エクトプラズムとは人の口や鼻などからあらわれる、なぞの物質のことで、霊物質ともいう。フランスの学者が1893年に命名した。1800～1900年代にかけて、死者と対話する交霊会や心霊実験が世界的に大流行したとき、実験中にこの現象があらわれた。

実験の方法はさまざまだが、強い光のないところで、霊能力の高い人や霊媒師が、精神統一をおこなう。すると、細い糸、固いひも、ゼリー状、けむりなどさまざまなかたちのエクトプラズムがあらわれ、生き物のように動いたり、人の顔になったりもするという。

多くの実験がおこなわれ、エクトプラズムを出している証拠写真もあるが、その物質の正体は今もなお不明なままだ。心霊実験や交霊会などであらわれることが多いが、本来、エクトプラズムはあらゆる人間がもっていて、何かをきっかけに体外に出ることもある、という噂もある。

データ

危険度	★★★	**場所**	暗い場所
国・地域	世界中	**時代**	1800年代～現代
特徴	人間の体から出てくる、なぞの白い物質。けむり状やひも状など、かたちはさまざま。		

現象

エクトプラズム

エクトプラズム

エクトプラズムを出せる人とは？

　エクトプラズムそのものはだれしもがもっていると言われているが、体外に出すことができる人はかぎられているようだ。

　1870年代に有名になったイギリスのフローレンス・クックはエクトプラズム現象を見せた霊能力者の1人だ。実験では、クックが小さな部屋に1人で入り、10分ほどたつと部屋の外に白い煙のようなエクトプラズムが出現したという。エクトプラズムはケイティ・キングという女性の名前を名乗り、ケイティのエクトプラズムは動いたり、儀式に参加した人と話ができたそうだ。ケイティが出現している間は、クックはタンスの中でしばられた状態であり、インチキができないようにされていた。

　ほかにもイギリスのジャック・ウェバー、アメリカのクランドン夫人など、たくさんの霊能力者がエクトプラズムを出したという証言がのこされている。

口からエクトプラズムがはき出されているところを撮影した写真。

写真がとらえた都市伝説

エクトプラズムのように、目撃証言だけでなく写真がのこっている都市伝説もある。噂が本当である証拠として、写真は重要な役割を果たしている。

✔ レイナムホールの心霊写真

イギリスのいなかにレイナムホールという立派な家がある。そこはイギリスでとても有名な「ブラウン夫人」という幽霊が出るそうだ。古い時代の茶色いドレスを着た女性で、長くこの家に住みついているらしい。

ブラウン夫人の幽霊が有名になったのは1936年。階段で撮った写真にブラウン夫人と思われる幽霊が写っていたのだ。その心霊写真は雑誌で発表され、多くの人に知られることになった。本物の幽霊ではないとうたがった人がくわしく調べたが、ニセモノだという証拠を見つけることはできなかったそうだ。

階段からおりてくる白い影がブラウン夫人の幽霊だ。

✔ コティングリーの妖精

イギリスのコティングリー村は妖精が出る村として有名だ。1917年、この村に住む2人の少女が、妖精の写真を撮影した。この写真を、有名な小説家が雑誌に紹介したことで、大さわぎになった。当時、写真に細工をした証拠が見当たらなかったため、多くの人々がこの写真を本物だと信じた。コティングリー村にあらわれる妖精は、少女のように、妖精の存在を信じている人の前にだけ、すがたを見せる。

チョンチョン

聞くと死んでしまうなき声を出す怪物

チリのとある島に伝わる都市伝説。チョンチョンは灰色の毛におおわれたフクロウのような生き物だ。頭だけで飛んでいた、耳だけが異様に大きかったという目撃情報もある。その正体はぶきみなすがたに変身したあやしい術を使う男といわれており、チョンチョンを見ることができるのも特別な力をもつ人だけだそうだ。

ふだんは人里はなれた森にくらしているが、家の近くにやってくることがあり、外からチョンチョンのなき声が聞こえたら家族のだれかが死んでしまう、病人がいると血を吸って弱らせ死なせてしまうといわれている。

また、チョンチョンは生まれてすぐの男の赤ちゃんを連れ去り、あやしい術で真っ黒な毛がはえた魔物にし、自分の手下にしてしまうこともあるという。

データ

怪物

危険度 ★★★	場所	家の周囲
国・地域 チリ	時代	現代
特徴	フクロウのようなすがたで家の外にあらわれ、なき声を聞くと家族が死んでしまう。	

調査レポート

チョンチョンという名前がつけられた理由は、なき声が「チョンチョン」や「チュエチュエ」と聞こえるからだという。1年のうち、12月から3月の間に目撃されることが多いそうだ。

メン・イン・ブラック

UFO事件のあとにあらわれる黒服の男たち

　UFOや宇宙人にまつわる事件がおこると、かならずやってくるという、なぞの男たちの都市伝説。

　メン・イン・ブラック（Men In Black）、通称「MIB」とよばれる男たちは、まっ黒なスーツにネクタイ、帽子、くつ、くつした、サングラスに、白いワイシャツを身につけている。UFOや宇宙人を目撃したり、研究をしたりしてる人のもとに2〜3人

であらわれ、「これ以上深追いするな」と、おどしてくるという。もしいうとおりにしなければ、MIBに命をねらわれ、殺されてしまう。

　最初に目撃されたのは1950年代、UFOの破片を回収した人物の前にあらわれたという記録がのこっている。その後も1970年代にMIBに命をねらわれたという事件があったりと、世界中で噂が広まっている。

データ			
危険度	★★★	場所	全国各地
国・地域	世界中	時代	1950年代〜現代
特徴	黒いスーツを着たなぞの男たち。UFOの情報を追っている人の命をねらう。		

怪人？

調査レポート

MIBは、UFOや宇宙人の存在を地球人からかくすために、ひそかに活動している存在と噂されている。その正体は、アメリカ政府のスパイとも、地球外からやってきた宇宙人ともいわれている。

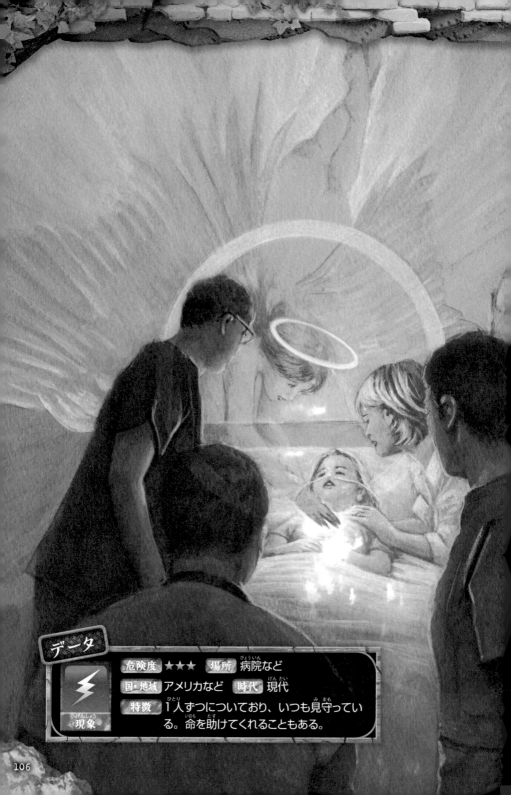

守護天使

一生守ってくれる自分だけの天使

守護天使とは、だれにでも1人ついている守り神のような天使のこと。とくにアメリカでは、守護天使にまつわるふしぎな目撃談が多い。

2008年にとある病院で、重い病にかかった少女の病室に白くかがやく物体があらわれた。その子の母親と医者が見ている目の前で、その物体が少女にふれたという。その後、少女は劇的に回復した。あとで「自分にふれてくれたのは守護天使だった」と、少女は伝えたという。白い物体は、病院の監視カメラにもしっかりおさめられていたそうだ。

ほかにも3才の少女が工事現場の深い穴に頭から落ちたとき、守護天使が助けたので奇跡的に無きずだった、という話ものこっている。

調査レポート

守護天使とは、いわゆる「守護霊」のような存在で、1人ひとりについているという。アメリカではなんと、70%以上の人たちが守護天使の存在を信じているといわれている。

ありえないものが降ってくる奇妙な現象

カエルの雨

とつぜん、カエルが雨のように降ってくるという都市伝説。記録によると、1901年にアメリカの都市で大量のカエルが降り、8cmもの高さまで道に降りつもった。1859年にはイギリスでは魚の雨が、10分ほど間隔をあけて2回も降りそそいだり、2018年には中国で、タコやエビなどが次々と降ってきたという。ほかにも世界中で、クラゲ、ミミズ、鳥、クギなどが降ったという記録がある。

この異常気象現象は、ファフロツキーズ現象とよばれている。「ファフロツキーズ」とは、空から降ってきた、ありえない物体のこと。アメリカ、イギリス、ギリシャ、日本など、世界各地でおきているが、真相はなぞにつつまれている。

データ			
危険度	★★★	場所	都市、平地、雪山など
国・地域	世界中	時代	1850年代〜現代
特徴			カエルや魚など、常識では考えられないものが、とつぜん空から落ちてくる。

現象

カエルの雨

原因不明のファフロツキーズ現象

空からありえない物体が降ってくるファフロツキーズ現象がなぜおきるのかについては、さまざまな原因が検証されている。ある気象学者は、たつまきによって別の場所から運ばれてきたものが降ってくるのではないかと分析している。しかし、同じ場所に何度も降ったり、季節はずれのものが降ってきたりするなど、たつ

まきだけでは説明がつかない事例もたくさんある。

また飛行機や鳥が運んでいたものを落としたのではないかという意見もある。しかし、やはりすべてのファフロツキー現象の原因を説明することはできていない。いずれにせよ現段階でははっきりとした原因は判明していないようだ。

海でおきたたつまきが魚を吸い上げた可能性も否定はできないが…。

空から落ちてきたものたち

空から降ってくるのはカエルだけではない。ふつうならば降ってくるはずのないさまざまなもの降ってきた例が、これまでにたくさん目撃されている。

✔ トウモロコシ

1982年のアメリカでは、トウモロコシの粒だけが空から降ってきた。現場の近くにトウモロコシ畑はなかったそうだ。

✔ 血や肉

アメリカのある農場では、1869年に血や肉、毛髪が降ってきたという。その日は、雲ひとつない晴れの日だったそうだ。その約10年後にはアメリカの別の場所で5〜10cmほどの肉の断片が降ってくるという事件もおきた。これは「肉の雨事件」とよばれ、ファフロツキーズ現象の中でも有名だ。原因はワシなどの肉食の鳥が落としたという説もあるようだ。

✔ 生き物

ファフロツキーズ現象で目撃証言が多いのは、生き物だ。アメリカでは、30cmほどの小さなワニが降ってきたり、空にあらわれた黒い雲からナマズや魚が降ってきたりしたことがあるそうだ。ワニは地面に落ちたあともけがをしておらず、歩き回っていたという。オーストラリアでも巨大な魚が降ってきた、魚の卵やクラゲのようなゼリー状のぶよぶよした

かたまりが落ちてきたという。ほかにも虫や鳥、カニなど、世界各地で目撃証言がのこされている。

川に住むナマズ。こんなものが空から落ちてきたと考えるとおそろしい。

ジャマイカ亭のよいどれ幽霊

ビールを飲む はらわたのない男

　イギリスのいなかにあるジャマイカ亭という酒場にまつわる都市伝説。1700年代におきた事件をきっかけに、よっぱらった男の幽霊が目撃されるようになった。その事件とは、ある夜、飲みかけのビールをのこしたまま店を出ていった男が、次の日に死体で見つかった。男は内臓をぬかれた状態で発見されたそうだ。

　この事件から100年以上たったある日、店主が店じまいをしようとすると、見知らぬ男がまだビールを飲んでいた。店主がよく見ると、その男の腹には内臓がなかった。その男はビールを飲みほすと、ふっと消えてしまったそうだ。それからというもの、よいどれ幽霊がたびたび目撃されるようになり、だれもいないろうかから足音が聞こえたり、ポルターガイスト（➡P156）がおきたりするようになったそうだ。今もジャマイカ亭はあり、幽霊が目撃されつづけているという。

霊魂

データ			
危険度 ★★★		場所	酒場
国・地域 イギリス		時代	1900年代〜現代
特徴	酒場にあらわれる男の幽霊。内臓がなく、ビールを飲み終わると消える。		

112

調査レポート

ジャマイカ亭では、現在も電話機の受話器がとつぜん落ちたり、だれもいないのに足音がしたりするという。よいどれ幽霊は今もビールを求めて酒場をおとずれているのかもしれない。

人面ワシ

顔は人で体はワシの怪物

人間の男性の顔をもつ、人面ワシにまつわる都市伝説。

2007年2月に人面ワシが目撃された情報によると、マレーシアのヤシ園で、実を収穫中の男性が、大きな白いワシが園内を飛びまわっているのを見た。マレーシアに白いワシはいないはずなので、ふしぎに思った男性が近づいて確認したところ、それはワシではなかった。体は白いワシのようだが、顔は青白い肌をした、れっきとした人間の男性そのものだったのだ。

地元にすむ老人によれば、男性が目撃した白いワシは、この地域にむかしから出没する人面ワシだという。そのワシとしっかり目を合わせてしまうと、なぜか目が見えなくなったり、不幸な事故がおきたりするといわれている。

データ

危険度	★★★	場所	ヤシ園
国・地域	マレーシア	時代	現代
特徴	見た目は白いワシだが、男性の顔をしている。目が合うと失明したり事故にあったりする。		

怪物

調査レポート

2002年にも、マレーシアの別のヤシ園
で人面ワシが目撃されている。目撃者は
人面ワシと一瞬、目を合わせてしまった
そうで、数日後に事故にあい、あやうく
左目を失明しそうになったという。

地の底にあるという
永遠の理想郷

チベットでは古くから、地底には平和で美しい楽園の王国があると信じられている。

その王国の名はシャンバラといい、飢えも病気もなく、人々が幸せにくらす理想的な国家だ。その国は高い山に囲まれ、ハスの花の形のように8つの地域にわかれているという。中央部には「世界の王」が住む宮殿があり、地球上の全生命活動を支配するほどの特別な力をもち、世界の聖人たちは、地上にやってきたシャンバラの人たちから知恵をさずけられたそうだ。

シャンバラがあるという場所は、チベット説、中央アジア説、北極説などさまざまだ。1947年には、アメリカ人の探検家バード少尉が飛行機で北極上空を調査中、別の次元にまよいこみ、なぞの古代都市を見たという記録がのこされている。

現象

危険度 ★★★	場所	不明
国・地域 世界中	時代	100年ごろ～現代
特徴	巨大な山脈に囲まれ、ハスの花の形のように8つの地域にわかれているという。	

地底の楽園　シャンバラ

1920年代にはロシア人の画家レーリッヒがシャンバラに入国し、次の日もどってきたという。だが、レーリッヒはこのシャンバラの入り口がどこにあるのか、死ぬまでしゃべらなかったという。

かくされた世界のなぞ

未解決事件の真相は…？

　世界には、なぞに包まれた事件や事故が数多く存在している。その中にはだれかがわざと証拠を消し、真相が闇にほうむられてしまった事件もある。ここでは、とくに有名な2つの事件を紹介する。

　1つめは、1943年の第二次世界大戦中におきた、エルドリッジ号事件。アメリカのフィラデルフィア海軍が、この船の中で磁場をくるわせる秘密実験をおこなった。船は緑色の光に包まれ、470kmはなれた港に瞬間移動した。しかし船内にいた16名の乗組員が、世にもおそろしい死に方をしていたのだ。そのひさんな様子を見たアメリカ軍はすぐに実験を中止。実験をなかったことにしようとしたが、人々の間で噂は広がり、この事件にまつわるさまざまな憶測が流れることとなった。

　2つめは、1959年のソ連（今のロシア）でおきたディアトロフ峠事件。雪山で登山をしていた男女9名全員が、なぞの死をとげた。現場には切り裂かれたテントがのこされ、9人の遺体は山のあちこちでバラバラに発見された。雪山にもかかわらず衣類を着ていないすがたで発見された人もいた。しかし、ソ連の捜査当局は殺人ではないとして、すぐに調査を打ち切ってしまったのだ。

　未確認生物による襲撃説、秘密兵器実験による爆発説、UFOの落下説など、さまざまな憶測が飛び交い、都市伝説となっていった。

フィラデルフィアの実験にかかわっていたとされるニコラ・ステラ。彼は天才科学者として有名だった。

三章

禁じられた扉

閉ざされた扉の奥にひそむものは、この世のものではないかもしれない。禁じられた扉のむこうには、まだだれも知らない真実がねむっているにちがいない。

毒ガスをまく黒づくめの怪人

アメリカに伝わる怪人の都市伝説。1930年代から、アメリカの各地で何ものかによって毒ガスがまかれるという事件がおきるようになった。毒ガスは甘いにおいで、それをあびた人々は頭痛や吐き気、体のしびれなどで苦しめられたという。目撃者によると、犯人は背が高く、黒いマントのようなものを全身にはおり、つばのない帽子をかぶっている男だったそうだ。幸いにも死者が出ることはなかったが、この怪人は「マッドガッサー」とよばれ、おそれられるようになった。

この事件は宇宙人からの攻撃という人もいれば、アメリカ政府の秘密実験だと主張する人もいたが、マッドガッサーは現在もつかまっておらず、その正体はなぞにつつまれたままである。

調査レポート

1933年に最初の事件がおきてから、十数年おきにマッドガッサーによる毒ガス事件が報告されている。いずれも黒づくめの男が目撃され、ガスが甘いにおいをしているという共通点があった。人々が忘れたころに再びマッドガッサーはあらわれるかもしれない。

マッドガッサー

データ

怪人

危険度	★★★	場所	町など
国・地域	アメリカ	時代	1933年〜現代
特徴	黒い服を着た背の高い男が、甘いにおいの毒ガスをまきちらす。		

バミューダ・トライアングル

船や飛行機が消えてしまう魔の三角地帯

北アメリカと南アメリカ大陸の間の海にある、プエルトリコとフロリダ半島とバミューダ諸島の3つの地点をむすんでできる海域、「バミューダ・トライアングル（魔の三角地帯）」にまつわる都市伝説。

この海を通る船や飛行機は、なぜかゆくえ不明になるという。1945年、ここを通った飛行機6機がとつぜん消えてしまい、救助に向かった飛行機までも、13人の乗組員を乗せたままゆくえ不明になってしまっ

た。そのほかにも、羅針盤（方角を調べる機械）がくるったり、風もないのにとつぜん海が荒れたり、幽霊船があらわれたり、乗組員が消えたりと、異常な事件ばかりおきている。

一説によると、この海域は、古代都市アトランティスがあった場所だという。都市から発せられたなんらかの強大なエネルギーが、船や飛行機を消滅させているのではないか、と噂されているが、原因不明のまま、今も事故はおこりつづけている。

調査レポート

バミューダ・トライアングルにかんする最初の記録は、1492年だ。アメリカ大陸を発見したコロンブスの航海日誌に、「ふしぎなことが次々とおこる海」という記録がのこされている。

データ

現象

危険度	★★★	場所	海
国・地域	北大西洋の三角地帯	時代	1492年〜現代
特徴	この海域を通った船や飛行機が、あとかたもなく消えてしまう。		

123

増築をくり返す呪われた館

　アメリカのカリフォルニア州にある、ウィンチェスター家の呪われた家にまつわる都市伝説。

　ウィンチェスター家とは、銃の製造で大金もちになった一族だが、夫や子どもがあいついで亡くなり、サラ夫人だけがのこされてしまった。不幸の原因を霊媒師に相談したところ「ウィンチェスター家が作った銃で殺された人の霊が呪いをかけている。霊をしずめるためには家を建てつづけなければならない」といわれたという。そこでサラ夫人はその言葉を信じ、1884年〜1922年までの38年間、死ぬまで家を増築しつづけた。

　サラ夫人が亡くなったあと、館では幽霊が目撃されたり、勝手にものが動いたりと、怪奇現象があとをたたないという。館の中には、いまだに幽霊たちの怨念がただよっているのかもしれない。

現象

危険度	★★★	場所	ウィンチェスター家の館
国・地域	アメリカ・カリフォルニア州		
時代	1884年〜現代		
特徴	160の部屋と10,000枚以上の窓、2,000枚のドア、40の階段などがある。		

ウインチェスター・ハウス

ウィンチェスター・ハウス

奇妙なしかけがほどこされた部屋

ウィンチェスター・ハウスの内部は、天井につづく階段、開けたらかべのドア、床のない部屋など、奇妙なしかけがほどこされた場所があちこちにあるという。

また、サラ夫人は「13」や「クモの巣」にこだわり、館のあちこちにモチーフがあるという。階段の段数、浴室、シャンデリアのライト、排水溝の数などが13だったり、窓がクモの巣のもようだったりする。

今では観光名所として内部の見学ツアーがおこなわれているので、それらの部屋を見ることができるが、サラ夫人や屋敷の呪いが今ものこっているのかは不明だ。

部屋が入り組み、ぶきみな様子でたたずむウィンチェスター・ハウス。

世界中にあるぶきみな家

ウィンチェスター・ハウス以外にも、人々の間で噂が絶えないぶきみな家は存在する。世界各地の有名な幽霊屋敷を紹介しよう。

✓ キラキー邸

アイルランドの幽霊屋敷。1960年代〜1970年代にかけて、巨大な黒猫の幽霊や女の幽霊が出たり、ポルターガイスト（→P156）がおきたりした。かつてこの土地で、残酷な儀式がおこなわれたり、銃撃戦があったりしたため、うらみながら死んでいった人々の幽霊が、さまよっているのではないかと噂されている。

✓ モルガン・ハウス

インドのカリンポンという町にある、小さな丘の上の屋敷。1930年代、インドがイギリスに支配されていたころに作られた建物で、現在はホテルとして使われている。かつてこの屋敷に住んでいた女主人レディ・モルガンの幽霊が出るそうだ。宿泊客が夜中にコツコツとろうかを歩く音を聞いたなどの証言がある。

✓ 七破風の屋敷

アメリカのマサチューセッツ州、セイラムという町にあるふしぎな屋敷。この家はかくし扉などがあり、まるで迷路のように入り組んでいるという。

この町ではむかし、魔女とうたがわれた女性が処刑された「魔女狩り」があった。今でもぎせいになった女性たちの霊が、屋敷の近くをうろついているそうだ。

✓ ネブワースハウス

イギリスのハートフォードシャーにあるこの邸宅は、いくつもの映画の撮影場所にもなった美しい屋敷である。

ここには「黄色い少年」とよばれる幽霊が住んでいると今も信じられている。少年のすがたを見たものは、自分がいつ死ぬかを知ってしまったり、自殺してしまったりすると噂されている。

死を予知して泣きさけぶ女の妖精

アイルランドやスコットランドなどに古くから伝わるバンシーという名前の妖精にまつわる都市伝説。バンシーは、ふだんはすがたを見せないが一族のだれかに死が近づくと、その家の前で泣きさけび、死を知らせるといわれている。その泣き声はすさまじく、ねていてもびっくりして飛びおきてしまうほどらしい。

見た目は髪の長い美しい女性だったり、みにくい老婆だったり、緑の服を着た少女だったりと、地域によってさまざまな噂がある。その正体は、古くからその家や土地に住みつく妖精とされている。

また、バンシーはまわりから尊敬されていた立派な人の死を悲しむといわれ、古くからバンシーがあらわれる家は「名家」「名門」とされることも多い。

調査レポート

アイルランドには「妖精横断中」という標識があるほど、人々にとって妖精は身近な存在だ。バンシーはもっとも古い妖精伝説のひとつで、この地域で広く知られている「ケルト神話」という伝説に登場する女神ではないかという説がある。

128

泣き女バンシー

データ

怪物

危険度	★★★	**場所**	家
国・地域	アイルランド	**時代**	神話の時代〜現代
特徴	一族のだれかがもうすぐ死にそうになると、あらわれて泣きさけぶ。		

エジプトの教会に出現した聖母マリア

　10万人以上が目撃したという聖母マリアにまつわる都市伝説。1968年4月の夜明け前、エジプトのコプト正教会の上空に、青白い光に包まれた聖母マリアがとつぜんあらわれたという。

　マリアの噂はすぐに町中に広まり、次の日から教会にはたくさんの人が集まるようになった。

　その後も、マリアは1971年まで何度も出現し、長いときは2時間以上あらわれていたという。マリアは幼いイエスを抱いたすがたであらわれたり、天使らしい別の人物とともにあらわれたりすることもあった。また、マリアが目撃された付近はいい香りで満たされたり、その香りをかぐと病気が治ったりしたという。

　じつは2000年以上前、マリアとその夫は身をかくすためにこの地区にやってきたことがあるそうだ。自分をかくまってくれた場所で、マリアはなんらかのメッセージを伝えようとしているのかもしれない。

データ			
危険度 ★★★		場所	コプト正教会
国・地域 エジプト		時代	1968年〜現代
特徴	青白い光に包まれたマリアがあわられ、見た人の病気を治してくれたりする。		

現象

130

●調査レポート

聖母マリアは、エジプト以外でもフランスや日本など世界中で目撃されている。1989年に書かれた本によると、本の発売以前の1000年の間だけでも聖母マリアの目撃情報は2万回以上あるという。

心臓のない少女

吸血鬼とうたがわれた少女の幽霊

　アメリカ東部で病で亡くなった少女マーシーの都市伝説。あるとき、ブラウン家の母とマーシーの姉が病気で死亡し、3年後にマーシーも同じ病で亡くなった。さらに兄も病気にかかってしまう。

　当時は古い迷信が信じられており、村人たちは家族のだれかが吸血鬼としてよみがえり、血を吸って兄を弱らせているのだと言い出すようになった。そこで父親が家族の墓場をほりおこすと、マーシーだけがまるで生きているかのような状態でねむっていたという。

　マーシーが吸血鬼にちがいないと思った人々は、彼女の胸を切りひらき、心臓を取り出して焼いた。しかし、兄の病はなおることはなく死んでしまった。今でもマーシーの墓の近くでは彼女の幽霊が目撃されているという。

霊魂

データ			
危険度	★★★	場所	墓場
国・地域	アメリカ	時代	1900年代〜現代
特徴	吸血鬼だとうたがわれて死体から心臓をぬかれた少女の幽霊。		

調査レポート

マーシーがねむっている墓場は現在も存在しており、墓石を3回たたいて「マーシー、あなたは吸血鬼ですか？」とたずねると、彼女の幽霊がすがたをあらわすという情報もある。

だれも解読できないなぞの古文書

1912年、アメリカの古書収集家ウィルフリッド・ヴォイニッチが発見した、古い本の都市伝説。イタリアで見つけたこの写本（手で書き写された本のこと）には、読めない文字や、なぞの絵がぎっしりと描きこまれていた。

はじめ、表紙やインクの状態などから、この本は1200年代に描かれたものとされていた。ところがふしぎなことに、その時代には存在しないはずの植物や、解明されているはずのない科学の絵が細かく描かれていたのだ。さらに、写本に描かれた文字や記号は、地球上に存在するどの言語にもあてはまらなかった。そのため、現在まで、この本を解読できた人物は1人もいない。

宇宙人など人智をこえた存在が、地球人にメッセージを伝えるために書いた暗号の書ではないか、という噂もある。

データ

現象

危険度 ★★★	場所	大学の図書館
国・地域 アメリカ	時代	1200年代？
特徴	なぞの絵や文字がしるされた古文書。何が書いてあるのかだれにも読めない。	

ヴォイニッチ写本

なぞの本は地球外からきた？

現在、ヴォイニッチ写本はアメリカの大学の図書館にあり、インターネット上でも公開していて、だれでも読めるようになっている。専門家はコンピュータを使って解析をつづけているが、いまだに読み解けないという。だれが、なんのために書いたのかは不明なままだ。

このように、だれがどうやって作ったのか、現在の技術や知識では解き明かすことのできない、なぞのアイテムを「オーパーツ」とよぶ。ほかに「アガスティアの葉」（ P176）も有名だ。このようなオーパーツが世界のいたるところにあり、研究者たちの好奇心をかきたてている。

なぞの文字や絵でうめつくされている…。解明できる日は来るのか？

世界のオーパーツ

オーパーツの中には作られた時代はわかっていても、当時の文明では不可能な高度な技術で作られているものもあり、なぞは深まるばかりだ。

✔ アンティキティラ島の機械

ボロボロになった歯車式の道具。ギリシャのアンティキティラ島の沖合に沈んでいた船から回収された。およそ2000年前に作られたものとされているが、その技術はなんと、たった300年ほど前の時計などの精密機械と同じレベルだという。天体の動きをはかる道具ではないかといわれている。

✔ コスタリカの石球

ほとんどゆがみのない、きれいな球体の石が1930年代にコスタリカの林で見つかり、今では約200個が発見されている。現在の技術でもコンピュータを使わないと作れないほどの美しい球だが、これらが作られたのは300〜800年くらい前。中には25トンの石球も発見され、どうやって運んだのかも不明だ。

✔ クリスタル・スカル

水晶で作られた頭がい骨。中南米の古代遺跡から発掘された。今からおよそ1400〜1100年くらい前に作られたとされている。しかし、当時の人が手で作るには300年以上かかる技術が使われており、どう作られたのかはなぞに満ちている。

現在、世界中で10個以上のクリスタル・スカルが発掘されている。

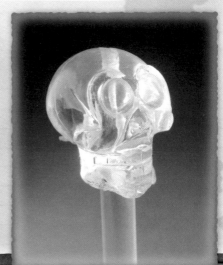

いくつかのクリスタル・スカルは、偽物という噂もある。

サンジェルマン伯爵

自由自在に時空を超える正体不明の男

時空を旅する不老不死の超人、サンジェルマン伯爵の都市伝説。

サンジェルマン伯爵は、見た目が50才くらいのハンサムな男性だ。1700年代に、フランスの社交界などヨーロッパのあちこちで目撃されたが、ふしぎとまったく年をとらないという。サンジェルマン伯爵は、年齢をたずねられると4000才と答えたり、歴史の話になると、あたかも自分が見てきたかのように話したりしたという。

サンジェルマン伯爵は1780年代に死んだとされているが、その後も世界中で彼を目撃したという情報があとをたたない。1980年代からは日本に滞在しているといった噂もある。あらわれる場所や時代があまりにバラバラなので、いつからかサンジェルマン伯爵は時空を自在に行き来できるタイムトラベラーではないか、と噂されるようになった。

データ			
危険度	★★★	場所	どこでも
国・地域	全世界	時代	1700年代〜現代
特徴	いつどこにでもあらわれる。話じょうずで、歴史や科学、天文学、音楽などにくわしい。		

怪人

●調査レポート●

フランスのルイ15世、王妃マリー＝アントワネット、英雄ナポレオン、イギリスのチャーチル首相など、歴史的に有名な人物たちも、サンジェルマン伯爵に会ったことがあるという。

人をおそう
ひからびた死体の怪物

コルポ・セコ

　ブラジルの都市に古くから伝わる都市伝説。複数の都市や、墓地のへいの上などで目撃された怪物で、やせてしなびた体に、シワだらけのみにくい顔をしているという。

　伝説によると、コルポ・セコはもともと人間の男であったが、自分の母親にも暴力をふるうほど、残忍な性格をしていた。その後、男が死んで墓地に埋められることになったが、地面が彼を拒否したのか、いくら男の死体をうめても地上にもどってきてしまった。やがて男の死体はひからび、コルポ・セコになったと噂されている。

　コルポ・セコは人間をおそい、吸血鬼のように血を吸うという。ブラジルでは、血をぬかれて殺された人間の事件があいつぎ、コルポ・セコによるものだとおそれられている。

CICL OF AIXA
DOMINGO
7-16h
A 50m

怪物

危険度	★★★	場所	都市や墓地など
国・地域	ブラジル	時代	現代
特徴	ひからびた体をもつ。ふれたものを乾燥させたり、人間の血を吸ったりする。		

140

調査レポート

「コルポ・セコ」とは「乾燥した体」という意味で、ひからびてしまったせいでそのようによばれるようになったのだろう。木々を乾燥させ、枯らせてしまう能力をもつといわれている。

火事をよぶ少年の絵

火事をひきおこすという泣く少年の絵

　呪われた絵画にまつわる都市伝説。1950年代に、ジョバンニ・ブラゴリンというイタリア人の画家が描いた「泣く少年」という絵がある。この絵をかざると、その家はかならず火事になるという。

　絵そのものは涙を流す少年を描いたふつうの絵で、たくさんの複製画が制作され、デパートなどで気軽に買えた。しかし、1985年のイギリスで、この絵をかざっていた家が次々と火事にあうという事件がおこった。どの事件現場でもこの絵だけがふしぎと焼けのこっていたという。ほかにも、「火事になる前に絵がゆれているのを見た」「絵をもやそうとしたら、不幸なことがおきた」ともいわれている。

　この絵が呪われている理由は、絵のモデルとなった少年のうらみとも、画家のブラゴリンによる怨念とも噂されている。

データ

危険度	★★★	場所	家など
国・地域	イギリス	時代	1950年代〜1985年
特徴	この絵をかざった家が火事になり、ふしぎと絵だけが焼けのこる。		

現象

●調査レポート●

「泣く少年」の絵はいくつかパターンが
あるが、その複製画がすべて火事をよぶ
といわれている。火事の事件のあと、数
百点の「泣く少年」の絵が集められ、消
防団によって焼かれたという。

チリンガム城のブルーボーイ

かくし部屋に閉じこめられた少年の霊

イギリスのチリンガム城にあらわれる少年の幽霊の都市伝説。チリンガム城は、「呪われた城」として世界でも有名だ。

たくさんの幽霊が目撃されており、世界でいちばん霊が出るといわれている。有名なのは「ブルーボーイ」という青く光る少年の幽霊だ。1700年代から、城のある部屋では「少年の泣き声が聞こえる」「青白い光とともに、透明な少年の幽霊があらわれた」という目撃証言が聞かれるようになった。

その後、1900年代におこなわれた城の修理中に、かべの奥にあったかくし部屋から、青い布に包まれた少年のものと思われる骨が発見された。少年がいた部屋のかべには外に出ようとしてツメでひっかいたようなあとがのこっていたという。発見後は、少年の幽霊が目撃されることはなくなったそうだ。

データ			
危険度 ★★★		場所	城
国・地域 イギリス		時代	約300年前～1900年代
特徴	青い光とともにあらわれる少年や、殺された兵士などの幽霊が出る。		

霊魂

チリンガム城のブルーボーイ

さまざまな幽霊がうごめく城

チリンガム城には、ブルーボーイ以外にもたくさんの霊が登場する。

夫にすてられ、城の中をさまよいつづけるメアリー・バークレー夫人

の幽霊。貯蔵庫にあらわれて、水をほしがる白い洋服を着た女性の幽霊。何百人も敵を殺し、この城で首をつられて殺された拷問官ジョン・セージの幽霊などだ。

この城は戦争が多い地域にあったため、地下にはつかまえた敵の兵士などを入れるろうやがあり、たくさんの人が命を落としたそうだ。それからというもの、この城には兵士たちをはじめたくさんの幽霊たちがさまよい歩くようになったという。

今ものこるチリンガム城の外壁。うらみをもって死んでいった人々の魂が、城の中をさまよっているのかもしれない…。

城にまつわる世界の都市伝説

ドイツのエルツ城にいる「女騎士アグネス」（ P166）など、世界中の古い城には幽霊話がつきものだ。心霊現象で有名な世界の城の伝説を紹介しよう。

✔ リープ城の双子の幽霊

　1400年代に建てられたアイルランドの城では、双子の少女の幽霊が出るという。むかし、双子の少女が住んでいたが、1人が事故で死んでしまう。死んだ少女は幽霊となり、双子のもう1人と遊びつづけたという。生きのこった少女のその後は不明だが、今では城の中で遊びつづける双子の幽霊が目撃されている。

✔ モースハム城のオオカミ人間

　1191年に建てられたオーストリアの古城は、1600年代に裁判で魔女とされた女性がたくさん処刑された。1700年代になると、ウシやシカが殺される事件もあり、オオカミ人間のしわざという噂が流れ始める。1800年代にはオオカミ人間だとうたがわれた人たちが殺されてしまったという。なんともいわくつきの城である。

✔ 呪われたエディンバラ城

　スコットランドのエディンバラという町は、ヨーロッパいちのホラースポットであり、幽霊をさがすゴーストツアーが町のいたるところでおこなわれている。その中でも中世に建てられたエディンバラ城は数多くの戦いの地となっており、ここで死んだ者も多い。当時から現代まで、死者のうめき声やなぞの人影などが絶えず目撃されている城だ。

エディンバラ城は、『ハリー・ポッター』に登場するホグワーツ魔法学校のモデルになったといわれている。

マネキンにされた
店主の娘

　メキシコにある洋服店にまつわる
都市伝説。ウェディングドレスを
売っている店のショーウィンドウで
は、まるで生きている人間のように
美しくリアルなマネキンがかざって
あった。あまりに生き生きとしてい
るので、亡くなった店主の娘の体を
マネキンにしたのではないかと噂さ
れるようになった。

　娘は結婚式の直前にクモにかまれ
て亡くなってしまった。そのため、
店主である父親が、ウェディングド
レスを着せてショーウィンドウにか
ざっているのだといわれるように
なったのだ。

　店主は噂を否定したが、マネキン
を見たことのある人による「マネキ
ンの目が動いた」「ポーズが勝手に
変わっている」といった、ぶきみな
目撃情報も報告されている。

データ

	危険度	★★★	場所	洋服店
霊魂	国・地域	メキシコ	時代	約80年前～現代
	特徴	\multicolumn{3}{l}{まるで生きた人間がもとになっているような、リアルなマネキン。}

調査レポート

このマネキンは今もまだかざられており、80年たったとは思えないほど美しさを保ったままだという。近くで目撃した人によると「血管がすけて見えた」「うぶ毛がはえていた」といった、ふつうのマネキンとは思えないようなすがたをしているようだ。

ジェンジェンガー

ゾンビと幽霊を合わせたような怪物

　ヨーロッパ北部のスカンジナビア諸国に伝わる都市伝説。ジェンジェンガーとは「死者の歩行」という意味だ。

　ジェンジェンガーは、ゾンビと幽霊をかけ合わせたようなすがたをした怪物である。ゾンビのように死なない肉体をもち、幽霊のように生きていたころの心と記憶をもつのが特徴だ。ねむっている人にそっとしのびより、かんだりつまんだりするという。おそわれた人はなぞの病気にかかってやがて死んでしまう。

　噂によると、未練をのこして死んだり、殺されたり、自殺したりした人が、ジェンジェンガーとしてよみがえるらしい。よみがえった死者は凶暴になり、家族や友人をおそうことが多いという。

データ

怪物

危険度	★★★	場所	寝室など
国・地域	スカンジナビア諸国	時代	800年代〜現代
特徴	生前の記憶をもってよみがえったゾンビ。ねむっている人をおそう。		

調査レポート

アイスランドの伝説によると、ジェンジェンガーの噂が生まれたのは、800年代までさかのぼる。十字架やキリスト教の呪文があれば、ジェンジェンガーから身を守れるらしい。

小人のペーター

美しい城を守る小さな守り神

観光地として有名なドイツのシュベリーン城に住みついているという、小人のペーター（ペーターメンフェン）にまつわる都市伝説。

小人のペーターは身長は数十センチで、長いひげが生えた男性のすがたをしている。騎士のようなかっこうで、ランタンやカギをもち、腰には短剣を下げ、夜中にだれもいない城内を見回るそうだ。ドロボウやあやしい人を見かけたらいたずらをしたり、お城を守る兵士を手助けしたりしてくれるという。古くから、このお城を守ってくれる守り神のような存在として地元の人たちに親しまれ、今でもペーターを描いた絵画や彫刻を城のあちこちで見ることができる。ペーターはめったに人前にすがたをあらわさないが、今も城を守っていると信じられている。

調査レポート

1000年代におきた戦乱では、小人のペーターが魔法のカギを使って、3人の兵士をシュベリーン城内の地下通路に招き入れたという。そのおかげで、その軍は戦いに勝利したという伝説がのこっている。

データ

怪物

危険度	★★★	場所	シュベリーン城
国・地域	ドイツ	時代	1000年代〜現代
特徴	騎士のかっこうをし、ひげをはやした小さな男性の妖精。夜中になると城内を見回る。		

111章

世界一美しいミイラ

まばたきをする2才の女の子のミイラ

イタリア、シチリア島の地下墓地にねむる、少女ロザリア・ロンバルドの遺体にまつわる都市伝説。ロザリアは1920年ごろにわずか2才で亡くなったが、その死を悲しんだ両親は、ロザリアの体を永遠にのこしたいと考えた。そこで医師に頼み、娘の遺体をミイラにして、ほとんど生前と変わらない状態で保存することに成功したという。

まるで生きているようなロザリアのミイラは、「世界一美しい遺体」として、世界中で話題になった。

ところが2014年、おどろくべきことがおきた。ロザリアが1日に数回まばたきしているところを、カメラの映像がとらえたのだ。ふだんは閉じているはずのまぶたが開き、青い瞳まではっきりと映っていた。

この事件はあっという間に世界中に広まった。地元の人々は「ロザリアの魂が体にもどってきてくれた」と信じているという。

霊魂

危険度	★★★	場所	地下墓地
国・地域	イタリアのシチリア島	時代	1920年代〜現代
特徴	2才の女の子のミイラが、生きているようにまばたきをする。		

調査レポート

ロザリアのミイラがまばたきするのは、窓からさしこむ光の錯覚のため、ひつぎの中の温度が変わったため、地下墓地にねむるほかの人の霊がのり移ったため、などいろいろな噂がささやかれているが、原因は今も不明のままだ。

ものを動かす霊や悪魔の力

アメリカやヨーロッパなど、世界各地でおきている有名な都市伝説。

ポルターガイストとは、部屋にあるベッドが浮き上がったり、さわっていないイスが勝手に動いたりする現象だ。だれもいないのにかべをたたく音が聞こえ、かべや天井から血がにじみ出てくることもあるという。原因不明なこれらの現象は、世界中でおきており、とくにイギリスでの報告が多い。2000年には日本でも、食器だなから皿が飛び出してきたり、電気が勝手についたり消えたりするという事件があった。その多くは、幽霊や悪魔によるものと信じられている。

また、ポルターガイスト現象は大人よりも子どもの身の回りでおきることが多い。たえきれないほどの不安やおそれをきっかけに、とつぜん超能力がめばえ、引きおこしていると考える人もいる。

データ			
危険度	★★★	場所	家など
国・地域	世界中	時代	800年代〜現代
特徴	部屋にあるものが勝手に動いたり、かべをたたく音が聞こえたりする。		

現象

ポルターガイスト

ホラー映画の人気の題材に

ポルターガイストは、前のページで紹介したような、ものが宙に浮いたり、飛んだりする現象だけではない。たとえば、ラジオが大音量で鳴りひびくなど機械に障害がおこる現象。とつぜんひっかききずができるなど、体に異常があらわれる現象。真夜中に足音やささやき声が聞こえる現象など、世界中でさまざまな怪奇現象が目撃されている。古くは800年代から目撃情報があり、今も都市伝説として語りつがれてきたのは、多くの人が体験しやすく、興味をもつテーマだからかもしれない。今では多くのホラー映画に登場する人気の題材となっている。

映画『ポルターガイスト』のワンシーンと、1982年公開時のチラシ。5人家族がポルターガイストなどのおそろしい怪奇現象を体験するストーリーになっている。

"They're here."

POLTERGEIST

It knows what scares you.

POLTERGEIST / MGM / Ronald Grant Archive / Mary Evans / ユニフォトプレス

世界各地のポルターガイスト現象

アメリカやヨーロッパ、アジア、アフリカなど、ポルターガイスト現象は世界のあらゆる場所で目撃されている。その一部を紹介しよう。

✓ ハイズヴィルの事件（アメリカ）

ニューヨークのハイズヴィルに住むフォックス家は、1848年から娘たちがドアやかべをノックしたときのような音を聞くようになった。娘たちがノックを返すと、返事のノックが返ってきたという。

フォックス家の姉妹は霊と交信ができる少女として有名になり、世界中に心霊現象ブームがおきたそうだ。

✓ 岐阜県富加町の事件（日本）

日本でもポルターガイスト現象は目撃されている。岐阜県の富加町のとある家で、電気が勝手に消え、夜に音がする、たなから食器が飛び出すなどの奇妙な現象がおきた。

建築の専門家が調査をしたものの、家に異常はなかったそうだ。原因不明のままだが、現在はふしぎなことはおきていないという。

✓ エンフィールド事件（イギリス）

イギリスのロンドン北部にあるエンフィールドという町でおきた事件。1977年から数年間にわたって、母親と３人の娘でくらすハーパー家では、物音、家具が浮く、子どもたちがねている間に勝手に移動しているなどの怪奇現象がおきた。

この一家の体験は新聞にものり、たくさんの証拠写真ものこされている。

枕が宙に浮いているところをとらえたハーパー家の写真。

データ

危険度	★★★	場所	パソコン
国・地域	ロシアなど	時代	1989年～現代
特徴	白黒の横スクロールアクションゲーム。ゲームを終えるとデータが消滅してしまう。		

現象

なぞのゲーム

コピー不可能のなぞに満ちたゲーム

1989年に、5000本限定で作られた『KILLSWITCH』というパソコンゲームにまつわる都市伝説。インターネット上で話題となった。

2人のゲームキャラクターから1人を選択し、悪魔と戦う横スクロールタイプのゲームだ。一見、ふつうのゲームだが、ゲームを終えると自動的にデータが破壊されるようプログラムされている。2000年代に日本人の男性がオークションで落札し、のちに動画を公開したが、その男性がモニターの前で泣きくずれるだけの異様な映像だったという。その後、男性が動画をアップすることはなかった。

このなぞのゲームを作ったのは、ソビエト連邦（現在のロシア）のKarvina社という会社らしいが、いったいなんのために作ったのか、本当はどんなストーリーだったのか、情報はまったくない。

調査レポート

1990年代に発売された恐怖のタイピングゲーム『Mr.MIX』も、ゲームにまつわる都市伝説として有名だ。このゲームをプレイした人は悪夢にうなされる、無理やりクリアするとパソコンが壊れたり、心を病んだりすると噂されている。

赤い雨

正体不明の真っ赤な雨

インドでおきたふしぎな自然現象の都市伝説。2001年の夏に、インドの南部で空から真っ赤な雨が降ってきたという事件がおきた。雨にぬれた人に悪い影響はなかったが、まるで血のような雨は人々をふるえ上がらせたそうだ。

その原因は空気中に含まれる砂やちりによるものと考えられたが、雨の成分を調べた人によると、なぞの赤い物質が含まれていたという。この物質はいん石が爆発して雨とまじって降りそそいだ、地球にはないバクテリア（細菌）だというのだ。

ほかの目撃情報によると、赤い雨が降った場所にあった落ち葉に穴が空いたこともあったという。赤い雨が降った原因は今も不明だ。

データ		
危険度 ★★★	場所	外
国・地域 インドなど	時代	1980年代〜現代
特徴	血のように赤い雨が降る。雨を赤くする物質の正体は宇宙の物質だという説もある。	

現象

162

調査レポート

赤い雨は、1度だけでなくインドや近くのスリランカでは何度も降っている。1980年代にも色がついた雨が降ったことがあるという。また、ポルトガルやアメリカでも似たような目撃情報がある。

「ムジナ」とは、もともと日本の怪談に出てくる妖怪で、「のっぺらぼう」ともいう。人の形をしているが、顔に目も鼻も口もない。ハワイには日本から移り住んだ人が多く、日本の怪談がハワイに伝わり「MUJINA（ムジナ）」として広まったといわれている。

顔なし女
ムジナ

ハワイに伝わる顔のない女性の幽霊

　ハワイのオアフ島に伝わる、「ムジナ」とよばれる顔のない女性の幽霊にまつわる都市伝説。とあるドライブイン・シアター（車に乗ったまま映画を楽しめる施設）の女子トイレにあらわれるという。

　最初にムジナが目撃されたのは1959年。ある夜、女性がドライブイン・シアターのトイレに入ると、洗面所で長い髪をとかしている女の人がいた。その顔を見ると、目も鼻も口もついていなかった。

　ドライブイン・シアターのすぐそばには古い墓地があり、墓地の幽霊がまよいこんだのではないかと噂されている。ムジナはドライブイン・シアターが1980年代になくなるまで、何度も目撃されたという。

データ			
危険度	★★★	場所	女子トイレ
国・地域	ハワイ	時代	1950年代〜1980年代
特徴	女子トイレにあらわれる。目も鼻も口もないのっぺらぼうの女の幽霊。		

霊魂

女騎士／アグネス

城を守りつづける姫の亡霊

　ドイツにある美しいお城にまつわる都市伝説。数百年前、城の持ち主である伯爵家に生まれたアグネスは男兄弟に囲まれておてんばに育った。彼女には婚約者がいたが仲が悪かったため、婚約者に冷たくしていた。すると、怒った婚約者が、兵士をつれて城を攻めてきた。

　アグネスは、鎧をまとった騎士のすがたで戦ったが、婚約者に剣で刺し殺されてしまう。それから城では城内をパトロールするように歩き回るアグネスの幽霊が目撃されるようになったそうだ。

　城は今では観光名所となっており、たくさんの人がおとずれている。アグネスと思われる女騎士の幽霊が城内を歩いたり、ドアが勝手に開け閉めされたりするふしぎな現象が目撃されているという。

霊魂

危険度	★★★	場所	城
国・地域	ドイツ	時代	1200年代〜現代
特徴	城で命を落とした女性の幽霊。騎士のようなすがたであらわれる。		

調査レポート

アグネスと気づかず、刺し殺してしまったことを後悔した婚約者は、ゆくえ不明になってしまったという。城では男性の騎士の霊も目撃されており、婚約者の幽霊ではないかともいわれている。

危険度 ★★★	**場所**	森の奥にある池
国・地域 ルーマニア	**時代**	不明〜現代
特徴	ふしぎな力をもつ池。世界中の魔女が集まり、池の近くで魔女の祭りがおこなわれる。	

データ

怪人

魔女の池

世界中の魔女がつどう神秘の池

　ルーマニアの首都ブカレストの近くにある、ボルダゥ・クレタスカという森にまつわる都市伝説。この森のどこかに「魔女の池」とよばれる神秘の池があり、毎年６月になると、魔女の池には世界中から魔女たちが集まり、儀式をおこなうという。

　魔女の池は、ふしぎな魔力に満ちていて、大雨でも池の水があふれることなく、雨がまったく降らなくても乾くことがないという。また、森の動物たちはこの池をきらって、水をのむことは決してないという。

　ルーマニアは、古くから魔術の研究がさかんな国で、現在も魔女が職業として認められている。インターネットを使って魔法の儀式をおこなうこともあるという。多くの魔女がふつうの人と同じようにくらしているそうだ。

人をめぐる都市伝説

人知をこえたふしぎな力をもつ人々

不老不死という噂の「サンジェルマン伯爵」（➡ P138）の伝説のように、ふつうの人間では考えられない特別な能力を秘めた人々が、世界のあちこちで目撃されている。

たとえば、あらゆるものを体中にくっつけてしまう力をもつ「磁石人間」とよばれた、マレーシアの男性。剣で体をつらぬいてもケガをしないばかりか、まったく平気で、「奇跡の超人」とよばれるオランダ人の男性。空を自由自在に飛ぶことができる「空中浮遊能力者」として、アメリカやイギリスなどで話題になった男性。前世の知識をもって生まれたというアメリカの女性など。

ほかにも、体内エネルギーを放電して、ものを自在にあやつることができるソ連（今のロシア）の超能力者。ある場所から別の場所に、一瞬で移動することができるアフリカの少年。はなれた場所にいても、モノを見ることができるアメリカの能力者なども、存在している。

いずれも、科学の力では証明でき

ない特別な能力ばかりだ。トリック説、進化した新しい人類説など、さまざまな噂があるが、彼らの正体や、ふしぎな現象を完ぺきに説明することはできない。ある日とつぜん、能力にめざめることもあり、あなたのすぐそばにいる身近な人も、ひょっとしたら、ふしぎな力をかくしもつ能力者かもしれない。

ドイツで発見された少年カスパー・ハウザーの肖像画。彼はふつうではありえない、超人的な五感をもつ。暗闇でも目が見えたり、となりの部屋でささやく人の声を聞きわけたりした。

170

四章

うずまく呪い

うらみや憎しみが、おそるべき禍につながることもある。呪いに満ちた言葉が生み出す恐怖。人々が噂を語りつづける限り、怪異の世界は永遠に存在するのだ。

悪い子をおしおきする悪魔

ドイツやオーストリアに古くから伝わる都市伝説。クリスマスに子どもたちのもとにやってくる人といえばサンタクロースだが、聖なる夜には「クランプス」とよばれる怪物もあらわれるという。半分がヤギの体をもつ悪魔で、ツノと黒い髪、とがったキバをもつおそろしいすがたをしているそうだ。

クリスマスの夜、いい子にはサンタクロースがプレゼントをくれる。しかし、悪い子にはクランプスがやってきて木の枝でたたいたり、地獄に連れ去ったりと、おそろしいおしおきをあたえるという。

サンタクロースのつきそい、サンタクロースとは双子という説もあり、悪い心をもつ子どもを正しい道にみちびく役目をもっているともいわれている。

調査レポート

ドイツやオーストリアの一部の地域では、大人たちがクランプスのかっこうをして子どもたちをこわがらせるイベントがある。日本の秋田県に伝わる「なまはげ」と役割の似た存在なのかもしれない。

172

悪魔クランプス

データ

危険度 ★★★	場所 家など
国・地域 ドイツやオーストリア	時代 数百年前〜現代

怪物

特徴 サンタクロースとともにあらわれる、体の半分がヤギの悪魔。悪い子におしおきをする。

危険度	★★★	場所	遊園地
国・地域	ドイツ	時代	現代
特徴	閉園した遊園地にのこされた観覧車が、だれもいないのに回りつづけている。		

現象

幽霊観覧車

廃墟となっても回りつづける観覧車

ドイツにある遊園地にまつわる都市伝説。ドイツの首都ベルリンには、2002年に閉園した遊園地がある。しかし、中にあるジェットコースターや観覧車などのアトラクションは壊されずにのこり、今ではすっかりさびついてしまっている。ボロボロの廃墟となった遊園地が注目されるようになったのは、ある動画がきっかけだ。もう動かないはずの観覧車がゆっくりと回りつづけている映像がインターネットで広まったのだ。風のせいだという人もいたが、つねに観覧車を動かしつづける強い風がふいているのはおかしい。結局、真相はわかっていない。

この遊園地では、ほかにも撮影した写真があり、何かが写っている、妙な声が聞こえてくるといった噂も報告されている。この観覧車も見えない何かの手によって動かされているのかもしれない。

調査レポート

現在は閉園はしているが、廃墟となってしまったこの遊園地の中には今でも入れる。観光ツアーが期間限定でおこなわれており、こわいもの見たさの観光客が毎年たくさん訪れているという。

175

アガスティアの葉

インドのタミール地方に伝わる予言の書にまつわる都市伝説。

アガスティアとは、今から5000年くらい前のインドにいた実在の人物である。アガスティアはふしぎな力をもち、シカの皮に古代文字タミル語を使って予言を書きしるしたという。その内容は、この世に存在している、またはこれから生まれてくる人間すべての運命について書かれた予言だという。アガスティアの予言は、のちに弟子によってパルメーラというヤシに似た木の細長い葉っぱに書きうつされ、「アガスティアの葉」として世界中に噂が広まっていった。

予言の葉は現在、インドに数か所あるというアガスティアの葉を管理している館におさめられており、自分の運命と向き合う覚悟があるなら、占ってもらうこともできる。

データ

危険度	★★★	場所	アガスティアの館
国・地域	インドのタミール地方	時代	5000年前〜現代
特徴	古代から伝わる予言の書で、全人類の過去、現在、未来が書かれている。		

現象

176

調査レポート

占ってもらたい人は、館をおとずれると
いい。名前や生年月日を伝えると、古代
文字タミル語を読める人が協力してくれ
て、葉にしるされた自分の運命をさがし
出して解説してくれるという。

下水道の巨大ワニ

大都会の地下にひそむ白い人食いワニ

1930年代からアメリカのニューヨーク市に伝わる都市伝説。ニューヨークの下水道には、3mをこえる巨大な白いワニがすみついていて、下水道にまよいこんだ人をおそう、という噂がある。

かつて、ニューヨークではフロリダからとりよせた巨大ワニの赤ちゃんをペットにすることがはやっていた。ところが、成長して大きくなり

すぎたワニは、トイレに捨てられてしまう。捨てられたワニは下水道に流れつき、そこで子どもを産みつづけた。暗い下水道にいるので陽が当たらず、ワニの目はどんどん退化し、体の色も白くなっていった。そんな白いワニが下水道にうようよひそんでいて、下水道で働く人や、そこに住む人たちをおそっては、エサにしているという。

調査レポート

下水道の人食いワニは、ニューヨークでもっとも有名な都市伝説のひとつだ。ワニをつかまえるために「白ワニ捕獲隊」というチームがあり、下水道をパトロールしているという噂話もある。

データ

怪物

危険度	★★★	場所	下水道

国・地域	アメリカのニューヨーク	時代	1930年代〜現代

特徴	ニューヨークの下水道にすんでいて、人をおそって食べる。

データ

危険度	★★★	場所 道路
国・地域	オーストリアなど	時代 1914年～現代
特徴 現象	オーストリア皇太子夫妻が乗っていた赤い ベンツの持ち主が、不幸な目にあう。	

180

殺人ベンツ

乗った人を不幸にする血色の車

オーストリアでおきた暗殺事件のあと、乗る人を呪い殺してしまうようになった車の都市伝説。1914年、真っ赤なベンツに乗ったオーストリアの皇太子夫妻が暗殺された。この事件をきっかけに世界を巻きこむ戦争がはじまってしまった。

その後、真っ赤なベンツは新しい持ち主の手にわたったが、その持ち主は精神を病んで亡くなった。その次の持ち主も、車が木に激突して死

亡する、4回も交通事故にあって右腕をうしなう、自殺するなど、かならず不幸になるという。

車は「死神ベンツ」とおそれられ、あまりに不幸がつづくので、最後の持ち主となった人物は車を赤から青にぬりなおした。しかし呪いは止められず事故で死んでしまった。結局、車は博物館にかざられることになったが、戦争で博物館とともに破壊されたという。

殺人ベンツ

戦争のきっかけとなった殺人ベンツ

　たくさんの人の命をうばった「殺人ベンツ」は、乗った者を不幸にしただけではない。最初のぎせい者となった皇太子夫妻が暗殺された事件は「サラエボ事件」という。それがきっかけで1914年にはじまった第一次世界大戦は、850万人もの戦死者を出した戦争となった。

　ベンツが最後にたどりついたのは、ウィーンの国立軍事歴史博物館だ。その後、おきた第二次世界大戦で博物館が破壊され、ベンツも壊れてしまった。もうこれ以上、殺人ベンツのおそろしい呪いによって命を落とすぎせい者たちは、いなくなったということだ。

オーストリア帝国のフランツ・フェルディナント皇太子夫妻。殺人ベンツは黒色という説もある。

乗り物にまつわる世界の都市伝説

車、列車、飛行機、船など、呪いがかかったように次々と事故がおこる乗り物にまつわる話は多い。その中でも有名な事件をいくつか紹介しよう。

✔ 死神機関車D236

何人もの犠牲者を出した機関車。1962年、ブレーキの故障がおこり、ほかの列車と衝突するという大事故がおきた。1963年には列車強盗事件、そのひと月後には機関士が感電死したり、列車から落ちて死んだり、作業員6名がひかれて死んだり…。あまりに死者がつづいたため、その後、D236は引退することとなった。

✔ 死者が乗る馬車

イギリスで目撃されていたぶきみな馬車の都市伝説もある。その馬車は死ぬ人をむかえに行くとも、死者が運転しているともいわれている。

馬も運転手も真っ黒で、首がなく、車輪の音がしない。そしてものすごいスピードで走るという。

この馬車を目撃した者には死がおとずれるそうだ。

✔ 悪魔の戦艦

ドイツ海軍の戦艦シャルンホルストは、1939年に船を建設中、61名の作業員が事故で死亡した。その後も、大砲が爆発して20名が死亡したり、修理のためにもどる途中、ほかの客船と衝突したり、最後は撃沈されて1400名もの人が死亡したうえに、にげようとした人が乗った救命ボートが急に爆発したりと、不幸がつづき、呪われた戦艦と噂された。

戦争中の1914年に撮影された、ドイツ海軍の戦艦シャルンホルスト。

ネールバの魔女

ドアをノックする魔女

インドにある村に古くから伝わる魔女の噂。インドのいなかの農村では、ドアやかべに「Naleba（ネールバ）」と書いてあることがある。これは、夜になるとあらわれる魔女を追いはらうための言葉だ。

魔女は夜に家のドアをノックし、親しい人の声をまねしてドアを開けさせようとする。だまされてうっかりドアを開けてしまうと、その人は死んでしまうという。魔女をおそれた人々は「明日来て」という意味の「Naleba（ネールバ）」という文字を家の戸やかべに書くことを思いついた。「明日来て」と書いてあるので、魔女はいつ来てもドアをノックすることができないのだ。魔女は夫をさがしてさまよう花よめの幽霊という説もあり、ノックした家の男の人を連れ去るともいわれている。

怪人

危険度	★★★	場所	家
国・地域	インド	時代	1990年代〜現代
特徴	家のドアをノックしてくる魔女。ドアを開けてしまった人は死んでしまう。		

調査レポート

この都市伝説はとくに1990年代に広まったそうだ。魔女の存在が信じられている一部の地域では、4月1日を「ネールバデイ」として、魔よけのお祭りをおこなっている。

タイの幽霊　ピー

頭と内臓だけの幽霊

　タイに伝わる精霊の都市伝説。「ピー」とは、タイの幽霊や精霊、妖怪のことだ。老婆のすがたをしており、人間を食べる「ピー・ポープ」、頭はあるが体は内臓だけのお化け「ピー・グラスー」など、いろいろなすがたのピーがいるとされている。ある目撃情報では、ピー・グラスーが庭にあらわれ、干してあった洗濯もので血のしたたる口をふいていたという。

　ピーの都市伝説はかなり古くからあり、9世紀ごろのタイの王女にまつわるピーの情報ものこっている。彼女は望まない結婚に反対し、火あぶりにされたが、魔術の力で頭と体の一部だけ焼けのこり、ピー・グラスーとなって今もさまよっているそうだ。

データ

霊魂

危険度	★★★	場所	家など
国・地域	タイ	時代	9世紀〜現代
特徴	頭と内臓だけをもつ幽霊で、人をおそったりすることがある。		

調査レポート

基本的に悪霊とされ、人間に害をあたえるものが多いが、中にはいい霊もいるらしい。タイではよい霊をよび寄せることで、悪霊を寄せつけないようにするというまじないが古くから信じられている。

納骨堂の怪人

　フランスのパリにある、カタコンブ・ド・パリとよばれる納骨堂にあらわれる怪人。納骨堂とは、亡くなった人たちの骨をおさめるための建物のこと。ここには、数百万人もの骨がうまっており、約500kmほどの通路一面に、人の頭の骨がずらりとならんでいる。

　ここではむかしから、ヤギのツノと足、しっぽをもつ、緑色の肌をした怪人が住んでいるという伝説がある。いちばん古い目撃情報は1770年ごろ、何人もの作業員が目撃している。おそわれたという証言はないものの、悪魔のようなすがたで、人間のものとは思えない足あとをのこしていったらしい。死者たちがねむるこの場所を守る存在なのか、正体はくわしくわかっていない。

　納骨堂の一部は、ふつうの人も入れるようになっており、今では人気の観光スポットとなっている。

データ

怪人

危険度	★★★	場所	納骨堂
国・地域	フランス	時代	1770年代〜現代
特徴	パリの地下にある納骨堂に、ヤギのツノ、足、しっぽをもつ緑色の怪人が出る。		

調査レポート

かべにうまっている頭の骨がしゃべっているのを聞いたなど、納骨堂そのものにまつわる噂もある。ここには処刑された人や、無実の罪で殺された人の骨もあるため、人々のうらみや、未練の声が、聞こえてくるのかもしれない。

データ		
	危険度 ★★★	場所 塔
霊魂	国・地域 イギリス	時代 1600年代～現代
	特徴	かつて処刑場だった塔に、そこで殺された人々の幽霊があらわれる。

首なし貴族

観光地としても有名な塔にあらわれる幽霊

イギリスの観光地としても有名なロンドン塔に出るという幽霊。この塔は、かつて犯罪者をつかまえて閉じこめる場所だった。そこでは無実の人もふくむ多くの人が処刑されたため、今も幽霊たちが塔にあらわれるというのである。

数多い目撃情報の中でも有名な幽霊が、アン・ブーリンという女性の首なし幽霊だ。彼女はヘンリー8世という王様のおきさきでとても美しい女性だった。しかし、王暗殺や浮気のうたがいで首を切られて処刑されてしまう。その後、この塔では首なしのアン・ブーリンの幽霊が目撃されるようになったという。

ほかにもここで殺された王族や貴族の幽霊が目撃されている。今でも人気の観光スポットとしてたくさんの観光客がおとずれている。

首なし貴族

イギリスは世界一幽霊が多い国!?

ロンドン塔には、「首なし貴族」以外にもたくさんの幽霊が出る。この塔に閉じこめられたまま、ゆくえ不明となった10才と12才の王子の兄弟も、ロンドン塔では有名な幽霊だ。かわいそうな2人の王子が殺されたといわれる場所は、「血染めの塔」とよばれている。そのほか、うらぎられて真夜中に殺されたヘンリー6世の幽霊。オノで殺された伯爵夫人の幽霊など。塔を訪れた人のせなかが急に重くなったり、とつぜん首をしめられたりする現象もあるという。

ロンドン塔は世界遺産にもなっている観光名所だ。今も中に入れるので、幽霊に出会えるかもしれない。

血ぬられた歴史をもつロンドン塔は、心霊スポットとしても有名だ。

イギリスに住んでいる幽霊たち

イギリスは心霊大国といわれるほど幽霊が多い。とくにスコットランドは心霊スポットだらけで、町中に霊たちがさまよっているという。

青い男

ロンドンの南にあるサセックスという地には「青い男」とよばれている幽霊がいる。1100年代に建てられたアランデル城の図書館に、高級そうな青いスーツに身を包んだ男の幽霊が出るそうだ。この城には200年前に殺されたコックの幽霊や、自殺した美女の幽霊など、ほかの幽霊の目撃情報もあるという。

たいこの幽霊

1661年、テッドワースといういなか町の町長の家に、犯罪者がもっていたたいこがやってきた。すると、だれもさわっていないのに、たいこの音が聞こえるようになったという。町長はすぐにたいこを処分したが、その後も音は鳴りつづけたそうだ。次の年にはピタリと怪奇現象はなくなったという。

恐怖のボーリー牧師館

1862年に建てられた建物で、1000回以上も幽霊が目撃された。金しばり、なぞの影、ポルターガイスト、原因不明の死亡事故など、あまりに怪奇現象がつづくので、住む人が次々と移り変わっていった。1939年には火事があり、館はとりこわされたが、跡地では幽霊の目撃情報があとをたたないという。

1939年に火事で焼けたあとのボーリー牧師館。

データ

危険度	★★★	場所 ケープタウン周辺の海
国・地域	南アフリカ	時代 1641年〜現代
特徴	名前は「さまようオランダ人」という意味。目撃したら、不吉なことがおこる。	

霊魂

幽霊船

嵐とともにあらわれるぶきみな幽霊船

世界的に有名な幽霊船にまつわる都市伝説。アフリカ大陸のもっとも南にあるケープタウンという峰の近くでは、「フライング・ダッチマン（さまようオランダ人）」という幽霊船があらわれるらしい。

一見、ふつうの船だが嵐になるとかがやきながらあらわれ、船の上にさけび声をあげる船長の幽霊がいるという。この船に出会ってしまったら、おそろしい不幸がおこる、呪わ

れて死んでしまうといわれている。

この伝説が生まれたのは1641年。オランダの船の船長がケープタウンを通ったとき、暴風雨で海が荒れた。そのとき船長は、「神なんかに祈らない。世界が終わろうとも港に入ってみせる」とさけんだ。神はこの発言に怒り、船に呪いをかけた。以来、この船は永遠に港に入ることができなくなり、嵐の海をさまよいつづけているという。

データ

危険度	★★★	場所	工場
国・地域	アメリカ	時代	1920年代～現代

特徴 ヒツジやヤギのような見た目の怪物。全身
毛むくじゃらで、2本のツノをもつ。

怪物

ゴートマン

怪物を生んだ秘密の実験

アメリカのカリフォルニア州にあった工場の近くにあらわれる怪物の都市伝説。1920年代、倒産した工場の近くでヤギのような怪物が目撃されるようになった。

怪物は、2mほどもある大きな体で、全身が毛におおわれており、頭からはヤギやヒツジのような2本の太いツノがはえているという。目撃者の中には、怪物にひっかかれてケ

ガをした少年もいたそうだ。その見た目から、怪物はいつしか「ゴートマン（ヤギ男）」とよばれるようになったという。

工場が倒産したあと、その場所はアメリカ軍の秘密の実験場として使われていたという噂もあり、ゴートマンの正体は、そこでおこなわれた遺伝子実験で強化された人間だという説がある。

調査レポート

ゴートマンの正体はほかの説もある。なんらかの宗教的な儀式がおこなわれており、そのために人間がヒツジの仮面をかぶっていたのではないか、ともいわれている。

データ

危険度	★★★	場所	氷の中
国・地域	イタリア、オーストリア	時代	1991年
特徴	アイスマンにかかわった人が、呪いによって次々と死んでいく。		

怪人

アイスマン

不吉をとどける氷づけのミイラ

氷の中で発見されたミイラにまつわる都市伝説。1991年、イタリアとオーストリアの国境にあるエッツ峡谷の氷の下で、弓矢やオノなどの武器とともにねむっていたミイラが見つかった。5300年もむかしの男のミイラで、ずっと氷づけになっていたため「アイスマン」とよばれている。せなかに深いきずがある男のミイラで、エッツ峡谷で見つかったことから「エッツィ」というあだ名でよばれることもある。

発見後、アイスマンを運んだ人物や研究者などの関係者が、短い期間に7人も亡くなった。氷の下で静かにねむっていたところをおこされたアイスマンが怒り、呪いをかけたのではないかと噂されている。

調査レポート

かかわった人たちが次々と呪われていく都市伝説は、ほかにもたくさんある。発見した人たちが不幸になっていく「ツタンカーメンの呪い」(➡P30)も、アイスマンの呪いの連鎖と似ている。

エリア51

宇宙人の秘密をにぎる？ アメリカ軍の秘密基地

アメリカのネバダ州に広がる砂漠地帯にある米軍の秘密基地、通称「エリア51」とよばれる場所にまつわる都市伝説。

この地域では、古くから未確認飛行物体（UFO）や宇宙人の目撃情報があとをたたず、「アメリカ政府が宇宙人にかんする秘密をにぎっているのではないか」「地球にやってきた宇宙船をかくしているのではない

か」「極秘実験がおこなわれているのではないか」などと噂されている。

長い間、エリア51はアメリカ政府によって立ち入りを禁止され、地図上からは消されていた区域だったが、2013年にはじめて存在が公に認められた。エリア51は「偵察機の実験場」と発表されたが、この地区で目撃された数々のなぞの現象の真相は、今も不明のままだ。

データ

危険度	★★★	場所	アメリカ軍の秘密基地
国・地域	アメリカ・ネバダ州	時代	1950年代〜現代
特徴	立ち入り禁止のアメリカ軍の秘密基地。2013年まで地図にはしるされていなかった。		

現象

エリア51

むかしは地図にしるされていなかった

エリア51の正しい名称は、アメリカ空軍が管理する「グルーム・レイク空軍基地」だ。むかしから秘密の航空機実験がおこなわれている場所で、今では航空写真で確認できるが、かつては地図にしるされることのない、極秘の基地だった。

UFOが墜落した「ロズウェル事件」（➡P203）をきっかけに、宇宙人とのかかわりが語られるようになった。今でも「エリア51の地下に秘密地下施設がある」など噂されている。

SFマニアがこぞっておとずれる「聖地」でもあるが、写真撮影は禁止されており、むやみに近づくと軍につかまってしまう。

エリア51の写真。どこかに極秘施設がかくされている？

宇宙人とかかわりのある都市伝説

宇宙人が関係する噂や伝説は、数えきれないほどある。われわれ人類が気づいていないだけで、すでに宇宙人は、地球を何度もおとずれている可能性もある。

✓ ロズウェル事件

もっとも有名なUFO墜落事件。1947年、アメリカのニューメキシコ州ロズウェルのあたりで、あやしい飛行物体が墜落した。アメリカ陸軍が「空飛ぶ円盤」を回収したと発表したが、すぐに発表を取り消した。噂によると、宇宙人の遺体と宇宙船を回収したが、なんらかの理由で政府がかくしつづけているという。

✓ ヒル夫妻誘拐事件

宇宙人による人類誘拐事件。1961年、アメリカのニューハンプシャー州で車を運転中のヒル夫妻は、とつぜんなぞの光に追いかけられた。肌が灰色の人型の宇宙人につかまり、2時間ほど宇宙船の中で生体実験を受け、記憶を消されて地球にもどされた。灰色の人型の宇宙人との遭遇事件はほかにも噂されている。

✓ キャトルミューティレーション

キャトルミューティレーションとは、牛などの動物が異常な死に方をしている怪現象のこと。1970年代からアメリカで目撃されている。レーザーで切られた死体、内臓のない死体、血液がすべてぬかれた死体などが見つかった。現場であやしい光やUFOを見たという証言もあり、宇宙人のしわざと噂されている。

動物たちは、地球にやって来た宇宙人によって殺されたのだろうか？

データ

危険度	★★★	場所 飛行機
国・地域	アメリカ	時代 1970年代

霊魂

特徴 事故にあった飛行機の部品を使った飛行機
に幽霊があらわれる。

亡霊飛行機

幽霊と旅する飛行機

アメリカでおきた飛行機事故にまつわる都市伝説。かつて事故をおこした飛行機があり、そのせいでたくさんの人が亡くなってしまった。事故をおこした飛行機会社は、壊れてしまったその飛行機の部品を別の飛行機に使うことにした。しかし、その飛行機では、ふしぎなことがおきるようになったのだ。

乗客や乗組員の証言によると、事故にあった飛行機のパイロットだった男の幽霊がすがたをあらわしたり、事故で亡くなった人たちの声が聞こえたりしたという。だんだんこの飛行機に乗ることをいやがる乗組員が増えてしまったため、飛行機会社はこの飛行機を別の飛行機会社に売ろうとしたがどこにも売れず、今もアメリカのどこかの倉庫にねむっているという。

調査レポート

この飛行機事故で父親を亡くした娘が成長し、乗組員としてその飛行機に乗ったときに、父親の幽霊があらわれ、飛行機の部品に異常があると伝えたという。すると本当に部品が故障していたそうだ。

事故で亡くなった
少女の幽霊

　ポルトガルのある道路で目撃される幽霊の都市伝説。目撃者が夜にドライブをしていると、青白い顔をした、白いノースリーブの服を着た少女がヒッチハイクをしていた。しばらく車に乗せていると、彼女が「私、あの場所で死んだの」とつぶやき、消えてしまったという。調べてみると20年以上も前にそこで交通事故で亡くなった少女の見た目と似ているということがわかった。

　同じような目撃情報はカナダにもある。ドライバーがヒッチハイクをしていた少女を乗せて家まで送りとどけようとしたが、家が近づいてふりむくと少女は消えてしまっていたそうだ。日本でもタクシーに乗る女性の幽霊の都市伝説があるが、このような噂は世界中にあるようだ。

調査レポート

　ポルトガルで消えるヒッチハイカーが目撃された道路で、2007年に事故がおきた。ドライバーがぐうぜん撮影していた動画があり、そこに青白い顔をした少女のヒッチハイカーが映っていたという。

消える ヒッチハイカー

データ

霊魂

危険度	★★★	場所	道路
国・地域	ポルトガルなど	時代	現代

特徴 10代の少女のヒッチハイカーを車に乗せるが、車に乗せると消えてしまう。

データ

危険度	★★★
場所	谷
国・地域	中国のウイグル自治区
時代	1985年〜現代
特徴	地元の人もおそれる悪魔の谷。なぞの光やうめき声など、怪奇現象がおこる。

現象

魔鬼谷

怪奇現象がおこる呪われた悪魔の谷

中国のウイグル自治区にある、怪奇現象がおこるという谷にまつわる都市伝説。魔鬼谷とは「悪魔の谷」という意味で、5000mものけわしい山に囲まれた、長さ100kmほどの乾燥地帯だ。

とくに夏になると怪奇現象の噂があとをたたない。とある目撃証言によると、とつぜんなぞの黒い雲が空をおおい、青白い光が発生した。ところが、雷の音は鳴らず、雨も降らない。その直後、人がもがき苦しむようなうめき声が谷底から聞こえてきたという。

一度、中国とアメリカが合同でこの谷を調査したが、魔鬼谷に入るとコンパスはくるい、無線も壊れてしまった。さらにメンバーがなぞの体調不良におそわれたため、危険すぎて調査をあきらめたという。今では地元の人はほとんど近づかないといわれている。

調査レポート

谷では磁場がくるっていたり、毒ガスが流れていたりするという説もある。谷の地下深くに、なぞの地底世界があるのではないかという噂も流れているが、真相はだれにもわからない。

なぞの模様は宇宙からのメッセージか

ミステリーサークル

　世界中のあらゆるところで目撃されている都市伝説。ある日、イギリスの大きな小麦畑で小麦がなぎ倒され、その跡がふしぎな模様をしているのを、畑の所有者が発見した。

　20mもある巨大な円が描かれ、音もせずたった一晩で作られたようなのだ。地元の人が調査したが、結局、犯人は見つからなかった。空の上から見ないとわからないような大きな模様なので、UFOに乗った宇宙人の手によるものではないかと噂され、「ミステリーサークル」とよばれるようになった。

　その後、イギリス以外でもこの現象はたくさん目撃されるようになる。形も円だけではなく、複雑な形をしたものも多く、宇宙からの何かのメッセージなのではと分析する人もいる。

データ

現象

危険度	★★★	場所	畑など
国・地域	イギリスなど世界各地		
時代	1970年代〜現代		
特徴	畑の作物が倒され、大きな円などの模様が作られる。		

ミステリーサークル

なぞに満ちた世界の現象や遺跡

ミステリーサークルの正体には、さまざまな説が噂されている。

たとえば、人間によるイタズラというもの。昆虫や鳥のしわざ、磁場の異常でたまたま生まれたものといった、ぐうぜんに発生したのではないかというもの。ほかにも妖精のしわざ、宇宙人によるメッセージ、古代遺跡のなごりなど…。あらゆる理由が考えられてきたが、真相は今もなお明らかになっていない。

ミステリーサークルのような正体不明の現象や遺跡は、じつは世界各地に存在している。いつの日か、人類の知恵によって、すべて解明されるときがくるのだろうか？

大小の円で作られた、実際に目撃されたミステリーサークルの写真。

世界の遺跡にまつわる都市伝説

これらの遺跡は、古代人の文明によって作られたものか、はたまた宇宙人からの人類に対するメッセージか？　正体不明の世界の遺跡を紹介しよう。

✔ イースター島のモアイ像

チリのイースター島にある、石で作られた人の顔をした彫刻。高さは5mほどもある巨大な顔の像だ。600年代〜1600年代の間に、原住民によって1000体ぐらい作られたが、どんな目的で、どんな技術を用いて作ったかは不明である。

宇宙人が作った像だ、先祖の霊をまつるために作った神聖な像だ、といった説が噂されている。島の伝説によると、モアイ像は神聖な力によって歩いて島中を移動していた、ともいわれている。

✔ ナスカの地上絵

ペルーのナスカ砂漠に描かれた巨大な絵。今から2200〜2800年ほど前に描かれ、動物、植物、丸や四角の模様などの絵が描かれている。天文観測のため、宇宙人と交信するため、宇宙人が描いたものなどさまざまな説があるが、だれがなぜ、どうやって描いたのかすべてなぞのままだ。

なかなか消えない 恐怖の飛行機雲

　ぶきみな毒雲にまつわる都市伝説。ケム・トレイルとは、空をうめつくすようにタテやヨコに走る、白い帯状の雲のことだ。飛行機雲に似ているが、通常の飛行機雲は水蒸気なので、すぐに消えてしまう。一方、ケム・トレイルはいつまでも消えずに空にのこっている。

　1990年代から、アメリカや日本などで目撃されている。この雲が発生した地域に住む人はみな、体調が悪くなったという。さらにミルク色の液体や、赤や黄色の粉などが空から降ってくることもあるという。

　この雲はなんらかの化学物質ではないかとされているが、だれがなんのためにまき散らしているのかは不明だ。軍の化学実験や、気候をコントロールする実験などの噂がある。

調査レポート

　アメリカの小学校の教科書には、「気象を調整するため、軍が化学物質を使うことがある」と説明されているという。しかし、それがケム・トレイルの原因だとは軍は認めていないそうだ。

ケム　トレイル

データ

危険度	★★★	場所	空（そら）
国・地域	アメリカ、日本（にほん）など	時代	1990年代（ねんだい）～現代（げんだい）

特徴（とくちょう） 飛行機雲（ひこうきぐも）に似（に）ているが、なかなか消（き）えない雲（くも）。
この雲（くも）が発生（はっせい）した地域（ちいき）の人（ひと）は体調（たいちょう）をくずす。

現象（げんしょう）

パンダのぬいぐるみと少女の霊

交通事故で亡くなった少女が幽霊に

　インドネシアの都市に伝わる少女の幽霊の噂。ある家族がレストランに向かう途中、レストランの前の道路で、2才の女の子が車にひかれてしまった。病院に運ばれた少女は意識をとりもどしたが「わたしのぬいぐるみはどこにあるの？」という言葉をのこして、亡くなってしまった。少女がもっていたパンダのぬいぐるみは、どこをさがしても見つからなかったという。

　その後、行くはずだったレストランで、パンダのぬいぐるみをかかえた少女の幽霊が目撃されるようになったという。ぬいぐるみをもった少女がイスにすわっていたり、店の中をぬいぐるみが歩いたりしているのを、客や店員が見たそうだ。

データ

霊魂

危険度	★★★	場所	道路やレストラン
国・地域	インドネシア	時代	1980年代〜現代
特徴	交通事故で亡くなった少女の幽霊が、お気に入りのぬいぐるみをもってあらわれる。		

調査レポート

事故がおきた道路でも、少女の幽霊は目撃されているという。少女が事故にあったときにぶつかったとされる木に、パンダのぬいぐるみが吊るされているのを見た人もいるそうだ。

データ	危険度	★★★	**場所** テレビがあるところ
怪人（かいじん）	国・地域	全世界（ぜんせかい）	**時代** 1920年代（ねんだい）～現代（げんだい）
	特徴（とくちょう）		死（し）んだ人（ひと）の霊（れい）や死後（しご）の世界（せかい）が、テレビに映（うつ）し出（だ）される。死者（ししゃ）と対話（たいわ）ができる。

218

霊界テレビ

死んだ人や死後の世界が映し出されるテレビ

テレビをとおして霊界からのメッセージを受け取れるという都市伝説。

この実験がはじめて成功したのは1985年。西ドイツのクラウス・シュライバーという人物が、亡くなった家族の霊のすがたをテレビに映し出した。方法は、何も番組を放送していない砂嵐（ザーッという音とともに流れる、灰色の映像のこと）とよばれるテレビ画面をビデオカメラで撮影するだけ。そのビデオをテレビで再生したところ、死んだはずの娘が映り、右手をあげて「パパ、見える？」と話しかけてきたり、死んだ妻が若いときのすがたであらわれたという。

この霊界テレビの実験は世界中でおこなわれ、日本でも成功したという。テレビに映るのは死者の霊だけなく、あぶくのようなもようや、ピラミッドのような建造物などふしぎな映像が多い。霊界テレビに映るのは死後の世界だけでなく、異次元世界の映像なのかもしれない。

霊界テレビ

あの世の霊と交流する術

はじめて電子機器を使って霊と交信しようとしたのは、有名な発明王、トーマス・エジソンだという。1920年代、エジソンは霊界と通信できる特別な機器を発明したと噂されている。だが、死後にその機器も研究ノートも、うしなわれたという。

このように死後の霊をよび出し、死者からのメッセージを受け取ろうとする方法を、降霊術という。霊媒師やシャーマンなど特別な能力をもつ人に霊が乗り移ったり、霊界テレビのように電子機器を使ったりしておこなうことが多い。電話や録音テープをとおして死者との交信に成功した、という事例もある。

霊界通信機は、晩年のエジソン最期の発明だったと噂されている。

霊界と交流する方法

幽霊とコミュニケーションをとる方法はテレビ以外にもある。これまでに世界中のたくさんの人が、霊と交信する方法を試してきた。

✔ チャーリーゲーム（➡P52)

チャーリーという霊をよびだす、メキシコに伝わるゲーム。紙の上のエンピツが動いて霊と交信ができる。

✔ 自動筆記

意識がぼんやりしている人に幽霊がのりうつり、勝手に文字を書いてしまうことがある。これを「自動筆記」といい、本人は自分が文字を書いていることに気づかず、筆跡もいつもとはちがうという。

この方法で、過去に亡くなった有名人からのメッセージが、自動筆記されたこともあるそうだ。

✔ 夢の中で会う

「夢まくらに立つ」という言葉があるが、これは夢の中に亡くなった人があらわれることだ。夢の中では幽霊と会話できることもあるという。夢に出てくるのは幽霊以外にも神さまや仏さまのこともあるらしい。

夢に出てきた幽霊は、本人しか知らないことを話したり、未来におこることを予言することがあるそうだ。

✔ 霊に体を貸す

「霊媒師」などとよばれる人は、自分の体に霊をのりうつらせることができる。霊媒師の体を借りて、幽霊たちが話すのだ。霊媒師が知るはずのない、幽霊本人しか知らないような内容を話すという。日本の東北地方にも「イタコ」とよばれる人たちがおり、依頼人のため、死者の魂を体におろし、言葉を伝えるそうだ。

都市伝説リスト（50音順）

監修者

朝里 樹［あさざと いつき］

作家。北海道在住。公務員として働くかたわら、怪異・妖怪の収集・研究をおこなう。
著書に『日本現代怪異事典』（笠間書院）、『日本現代怪異事典 副読本』（笠間書院）、
『歴史人物怪異談事典』（幻冬舎）、『世界現代怪異事典』（笠間書院）など。

●**写真提供**
Getty Images、ユニフォトプレス

●**イラスト**
合間太郎、あおひと、icula、石丸 純、金子大輝、古賀マサヲ、
gozz、精神暗黒街こう、なんばきび、Moopic、若林やすと

●**デザイン・DTP**
芝 智之（スタジオダンク）
北川陽子（スタジオダンク）

●**編集協力**
えいとえふ

大迫力！世界の都市伝説大百科

2020年 8 月 5 日発行　第 1 版
2024年 3 月 15 日発行　第 1 版　第 10 刷

監修者	朝里 樹
発行者	若松和紀
発行所	株式会社 西東社

〒113-0034　東京都文京区湯島 2-3-13
https://www.seitosha.co.jp/
電話　03-5800-3120（代）
※本書に記載のない内容のご質問や著者等の連絡先につきましては、お答えできかねます。

落丁・乱丁本は、小社「営業」宛にご送付ください。送料小社負担にてお取り替えいたします。
本書の内容の一部あるいは全部を無断で複製（コピー・データファイル化すること）、転載（ウェブサイト・ブログ等の電子メディアも含む）することは、法律で認められた場合を除き、著作者及び出版社の権利を侵害することになります。代行業者等の第三者に依頼して本書を電子データ化することも認められておりません。

ISBN 978-4-7916-2959-6